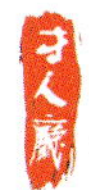 # 재인청 춤꾼 이동안

수난의 시대를 살다 간 한 춤꾼의 포괄적인 초상

정주미 지음

진인진

재인청 춤꾼 이동안 수난의 시대를 살다 간 한 춤꾼의 포괄적인 초상

초판 1쇄 발행 | 2022년 9월 23일

저　　자 | 정주미
서　　예 | 열암 송정희
사　　진 | 정범태, 김동국
그　　림 | 박소은
도　　움 | 강영화, 홍희숙
편　　집 | 배원일, 김민경
발행인 | 김태진
발행처 | 진인진
등　　록 | 제25100-2005-000003호
주　　소 | 경기도 과천시 별양상가 1로 18 614호(별양동 과천오피스텔)
전　　화 | 02-507-3077-8
팩　　스 | 02-507-3079
홈페이지 | http://www.zininzin.co.kr
이메일 | pub@zininzin.co.kr

ⓒ 정주미 2022
ISBN 978-89-6347-514-1 03680

* 책값은 표지 뒤에 있습니다.

재인청 춤꾼 이동안

수난의 시대를 살다 간 한 춤꾼의 포괄적인 초상

춤꾼 이동안을 위하여

나는 춤꾼이다. 우리 춤에도 이른바 여러 유파가 있어서 굳이 유파 속에 나를 넣는다면 '재인청'이라는 유파의 춤꾼이다. 그런데 재인청은 한국무용사의 입장에서는 결코 유파가 아니다. 정리하면, 재인청은 하나의 유파인데 유파가 아니라는 얘기다. 이 모순적 진술을 해명하기 위해 내가 십수 년 전에 수행했던 과업 하나를 소개한다.

2008년, 나는 한양대학교 평생교육원에서 무용과 학생들에게 '한국무용사' 강의를 한 적이 있다. 이미 세상에 나와 있는 한국무용사 한 권을 골라 가르치면 될 일을, 나는 굳이 욕심을 부렸다. 삼국시대부터 항일시대까지, 나의 시각을 고집한 우리 춤을 들고 매주 강단에 섰다.

덕분에 내가 알 수 있었던 것은 세 가지였다. 첫째, 우리 춤이 역사 속에서 일관되게 흘러내려온 본류가 분명히 있었다는 사실. 둘째, 본류의 물줄기가 갈라지는 현장이 있었다는 사실이었다. 그리고 마지막으로 그 현장에서 역동적으로 대응한 두 인물이 오늘날 '유파'로 나뉘는 변곡

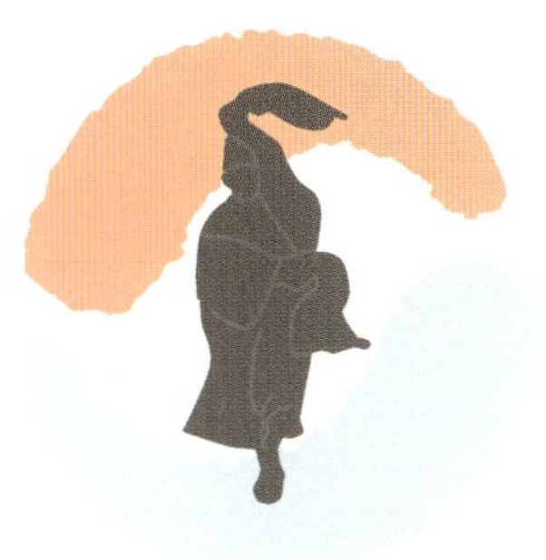

점에 서 있었다는 사실이다. 이 두 인물 중에 한 분이 바로 춤꾼 이동안이다. 다른 한 분은 한성준으로 그가 유파의 시작점에 선 조상 격이라면, 이동안은 우리 춤 역사를 관통하여 흘러온 본류의 마지막 인물이었다.

단순히 한 춤꾼이 아니라 그 춤꾼이 수행한 춤이 지닌 역사적 무게감을 알게 되면서, 나는 "너 왜 그냥 있어?"라는 끝 모를 채찍질에 시달려야 했다. 그 채찍에 대한 오랜 해답으로 이 책은 기획되었다. 쓰고 깁고 고치면서 마지막 고비는 책의 제목이었다. '마지막 광대 이동안'에서 '역사가 선택한 춤꾼, 이동안', '춤꾼 이동안을 위하여' 등등을 가지고 나는 내 안의 선생께 물었다. 선생은 무진무진 외로우셨던 모양이다. '재인청 춤꾼 이동안'에 이르러서야 미소를 보여주셨다.

자신의 생애를 바쳐 모종의 경지에 도달하려면 선명한 자신의 지향이 있어야 한다. 그런 연후에 한결같은 지고지순의 생애를 살아야만 그 경지라는 곳에 올라서게 되는 것이리라. 이 경지에 올라선 이를 일러 우리는 '꾼'이라 불렀다. 자신을 어디에 바쳤다고 할 때, 바친다는 것은 분명히 의지의 영역이다. 의지의 영역이 있다면 의지와는 무관한 영역이 있을 터!

'무용사' 강의 이후로 나의 시선은 나의 스승 이동안 춤꾼에게 꽂힌 정도가 아니라 콱 박혀 있었다. 내가 만난 이동안 선생이 아닌 역사 속에서의 이동안 선생을 만난 것이다. 뜻밖이었다. 자연인 이동안의 삶과 춤꾼 이동안의 삶으로 분리한다는 자체가 어려운 인물인 것을.

어린아이 하나가 어느 날 자신의 동네에 들른 뜬광대를 따라 가출해버리고 어렵사리 가출한 아들을 찾아낸 아비는 춤은 물론, 온갖 기예를 익히도록 솔선한다는 것은 단순히 아들을 붙잡아 두기 위한 행위로 보기는 어렵다. 이런 에피소드를 거친 수많은 이들이 모두 꾼이 되는 것은 아니지 않은가. 하지만 스승 이동안은 질곡의 역사 속에서도 '지고의 꾼'이라는 반열에 오름으로써 생의 화양연화를 구가하고 누린 분이었다.

그런 스승의 삶이 질곡의 시대와 맞물려 인생의 나락에 수없이 처박혀야만 했던 것은 큰 성취를 이룩한 이들에게서는 볼 수 없는 특이한 롤러코스터의 삶이었다. 스승께선 자신의 일상을 주제로 이야기를 끄집어내는 법이 없었다. 오로지, 일관되게 재인청 춤에만 매달린 언어. 나는 그 낯선 언어들을 모아 일종의 어법을 감지하기에 이른다.

내가 처음 발굴한 어법은 자연인 이동안은 재인청 춤을 추도록 규정된 삶이었다는 사실이다. '춤꾼이 되기 위해 재인청으로 걸어 들어간 것'이 아니라 '삶 자체가 재인청 춤이 된 인물'이라 규정해야 마땅하다. 이 책에서는 나의 이러한 규정을 아주 편하게 기록하고자 한다. 왜 스승은 춤이 되었는지! 재인청의 예혼은 어린 이동안을 자신들이 걸었던 그 역사의 외길로만 이끌고 간 것인지!

2022년 가을
저자 정주미

차례

춤꾼의 문법

스승 이동안 춤꾼께서는 춤으로 세상을 배웠고 그 춤으로 세상을 바라보는 삶을 사신 분이나. 선생의 영면으로 매년 5월 스승의 날 즈음이면 나는 천안의 풍산공원묘원으로 나선다. 선생께선 묘비석도 없이 저렇게 누워만 계신데, 나는 선생의 교습소를 찾았던 그 날의 내가 되는 것이다. 용두동의 교습소. 거기서 나는 선생의 춤을 만났다. 거동조차 불편하신 분이 한 박을 먹고 서자마자 전혀 다른 사람이 되던 시간! 쇠락한 거동과는 달리 춤을 출 때의 스승은 한 치도 흔들리지 않을 수 있는지, 당시의 내게는 신비한 마술이었다. 그리하여 "춤집 좋다", "눈을 찍다", "그늘이 짙다" 등으로 표현되는 그 낯선 춤의 세계가 한 장의 이수증이 되어 내게로 온 것이다. 나는 그 재인청 춤의 언어들을 살폈고, 그 언어들의 문법을 들고 여러분을 찾아가고 있는 것이다.

백까마귀와 묘소

지난해 유월, 이동안 선생께서 잠들어 계신 천안의 풍산공원묘지, 선생님을 뵙고 돌아오는 길이었다. 저편 산기슭에서 훨훨 나는 새 한 마리, 나는 나도 모르게 소리를 질렀다. "백까마귀다!" 운전하던 김인순 부회장은 "백까마귀가 어디 있느냐? 까마니까 까마귀지." 하는데 아무래도 까마귀라는 나의 지속된 강변을 무시하는 표정이다. 혹 까마귀가 아닌가 싶었으나 분명 두루미도 비둘기도 아니었다. 갈매기는 더더구나 아니었고 까치도 역시 아니다.

나는 최소한 참새, 까치, 까마귀 정도는 확실하게 구분할 줄 안다. 어린 시절부터 현재 내가 사는 집 주변에서도 늘 자주 보아왔기 때문이다. 비록 흰색이었지만 그 형태가 분명 까마귀였다. 그런데 흰색이라니! 돌아오는 내내 신비한 느낌을 지울 수가 없었다. 돌아와 주변 사람들에게 물어보았지만, 반응은 비슷했다. 백까마귀는 누구도 본 적도 들은 적도 없는 이야기란다. 내가 잘못 보았거나 다른 새를 까마귀로 여겼을 거라는 말과 함께.

인터넷을 뒤졌다. 있었다. 백까마귀. 그런데 첫 사진으로 등장한 사진이 심지어 내가 본 장면과 흡사했다. 그래서 또 한 번 놀랐다. 내가 본 장면을 누가 찍어 올린 듯한 소름이라니! 백까마귀는 천 년에 한 번 볼 수 있는 새로, 중국에서는 백까마귀가 나타나면 황제가 제사를 직접 올렸다는 이야기가 있을 정도로 귀히 여기는 '천 년의 길조'라 한다. 그런데 백까마귀는 원래의 까만 까마귀 무리로부터 공격과 따돌림을 겪는다고 한다. 그래서 혼자서 날고 있었던가!

위대한 광대였고 춤꾼이었지만 쓸쓸히 돌아가신 선생님이 그리워 매년 스승의 날 즈음이면 찾아뵙는 선생의 묘소. 묘비도 없는 덩그런 봉분 속에 누워계신 선생님을 뵈러 갈 때마다 늘 죄송하여 펑펑 울 수밖에 없는네. 이번에 내가 만난 백까마귀는 선생의 현현일 수도 있다는 느낌적 느낌. 우리 민족의 춤 역사를 면면히 이어 내리신 재인청 바지춤의 마지막 춤꾼, 이동안 선생! 춤꾼으로서 제대로 평가받지도 못하고 묘비조차 없이 누워계신 선생께서 그리도 외로이 백까마귀로 날고 계신 것은 아닌지.

사실, 선생의 사후 3주기를 맞아 비석 건립을 위한 추모 공연을 주최한 적이 있었다. 민속학자 고 심우성 선생의 제안으로 추진되었지만, 취지와는 다른 험담과 험담이 낳은 여러 오해로 없던 일이 되고 말았던 아픔을 나는 여전히 간직하고 있다. 연전에 이 사연을 김동국 사진작가에게 고백한 적이 있었다. 참으로 안타까워하시던 김 작가는 우선 선생의 묘소로 가는 길이라도 기록해 두자 하여 동행한 적이 있었다. 덕분에 선생의 묘소에 대한 자세한 지도와 친절한 안내까지 만들어 놓은 것은 작은 위안이었다.

백까마귀와의 조우로 빚어진 쓸쓸함 때문이었을까! 그저 그리움과 추모를 바치던 묘소 앞에서 올해는 처음으로 태평무를 췄다. 나름 외로우실 선생을 위로하고 기뻐하실 것을 소망한 용기였다. 동행하신 안석균 옹께서 추임새와 손장단을 아끼지 않으신 데다 젊은 날 선생께 춤을 배운 적이 있어 덕분에 태평무가 어렵지 않게 신명으로 나아갔다. 안 옹께선 이동안 선생께서 엄청나게 좋아하실 거라며 연신 기뻐하시는데 둘러선 일행들 모두가 과연 선생께서도 기뻐하시리라 여기는 모양이었다. 어느새 선생의 묘소 앞은 신명으로 충만해지고 있었다.

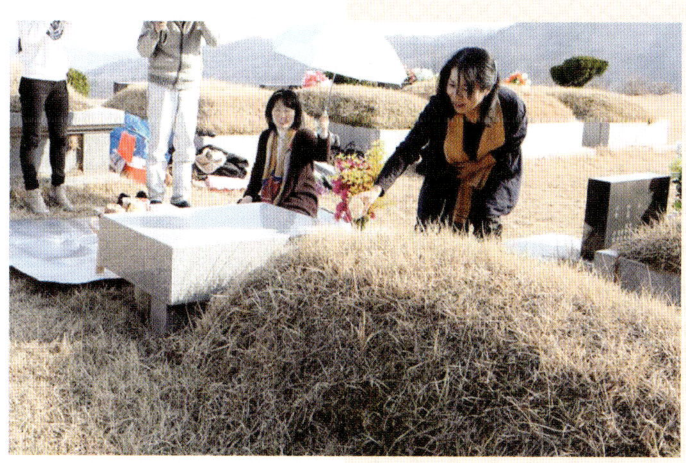

선생의 묘소는 천안의 풍산공원에 있다. 지난 해 유월, 선생을 만나고 돌아오는 길, 산기슭에서 백까마귀를 만났다. 천 년에 한 번 보기도 힘이 든다 하여 중국에서는 보았다는 소식만으로도 제를 올렸던 천 년의 길조다.

용두동과 태평무

선생께서 서울에서 일반인들을 대상으로 한 첫 학원을 열었던 것은 광복 직후였다. 6·25 직전까지 학원은 교습생들로 대성황이었는데 심지어는 서울 장안의 명사 부인들이 선생을 후원하는 모임도 만들 정도였으니 이 시기는 광복의 기쁨과 함께 찾아온 선생의 생애에서 가장 화려했던 시기였다 한다. 하지만 이후의 생활은 참으로 어려워서 대전에서의 삶은 참으로 처참하였던 모양이다.

우리 춤 백 년의 사진을 기록으로 남기신 고 정범태 사진기자께서 선생의 당시 생활을 보도한 것이 계기가 되어 1980년대에 이르러 다시 서울로 올라와 교습소를 열게 된 것이라 한다. 하지만 선생의 두 번째 서울살이는 자립할 수 있는 수준이 아니었다. 신당동에서 회기동, 용두동, 서대문을 거치는 동안 형편이 녹록지는 않으셨다. 결국은 수원 화령전 근처의 우거에서 거주하시다가 노환으로 영면에 드신 것이다.

내가 선생을 처음 뵌 것은 용두동 교습소 시절이었다. 물어물어 찾아간 용두동의 교습소는 참으로 초라했다. 컴컴하고 삐걱거리는 계단을 오르면서 아무래도 잘못 찾아온 것 같다는 생각으로 한참을 망설였다. 그러다가 결국 문을 열고 들어간 것은 그동안의 수소문과 발품이 너무

아까웠기 때문이었다.

　들어섰으나 못내 주춤거리는 나를 안경 너머로 바라보시던 선생께선 아무 말씀도 없이 장구채를 쥐시는 게 아닌가. 굿거리장단이었다. 나도 모르게 장단에 이끌려 춤을 춘 것은 지금도 모를 일이다. 입춤이었다. 마침내 장구채를 놓고 무심한 듯 바라보는 선생의 눈에는 범접하지 못할 위엄이 서려 있었다. 갑자기 온몸이 덜덜 떨렸다. "내일부터 나오너라." 이 말씀 한마디가 전부였다. 왜 왔는지, 춤이 어떤지, 이름도 질도 묻지 않으셨다. 선생과의 첫 만남이었다.

　다음 날, 선생께선 시범을 보인다고 일어나 걸음을 옮기는데 아무래도 거동이 불편해 보였다. 저 몸으로 춤은 어찌 추시려고? 아니, 제대로 가르칠 수는 있으려나 싶었다. 그런데 연습실 한가운데 자리를 잡자마자 엄청난 기운을 뿜으시는 게 아닌가! 연습실을 꽉 채우다 못해 공간 자체가 터져나갈 듯한 거대함. 납작해져 도저히 일어설 수 없는 묵직함. 이윽고 오른팔을 뻗어 드는데 순간, 공간의 모든 공기가 선생님의 손끝으로 휘몰아 감기는데 숨이 턱 막힌다.

　전혀 본 적이 없는 새로운 춤사위였다. 새롭다 못해 경이롭다. 손사위, 발사위 하나가 들려지면 도무지 숨을 쉴 수가 없는데 펼쳐내고 뿌릴 때면, 팽팽하게 갇힌 숨이 하늘하늘 풀어져 흩날리는 놀라운 경험. 정갈했던 춤사위가 점점 속도를 높이는데 깨금발을 띈다. 제대로 걷지도 못하시던 분이 외발 사위 하나만으로 몇 박을 추면서도 한 치의 흐트러짐이 없다. 여느 춤과는 확연히 다른데 오금이 저린다. 그러면서도 시도

때도 없이 심장을 쥐락펴락하는 춤이라니!

　　이날 선생께서 시연한 춤은 재인청 태평무였고 선생께선 이날 이후로 다시는 시연을 하지 않으셨다. 그래서인지 나는 하루에도 몇 번씩을 고쳐 춤을 추어야 했던 춤이다. 돌이켜보면 이날은 그간 내가 걸어왔던 춤길과는 전혀 다른 새로운 길로 접어든 특별하고도 운명적인 첫날이던 셈이다. 하지만 이날 나는 몰랐다. 선생의 춤은 재인청 예인들이 천 년을 이어 내린 춤이었다는 것을. 그리고 재인청 춤은 여무女舞가 판을 치는 우리 춤판에서는 볼 수 없었던 바지춤이었다는 것을.

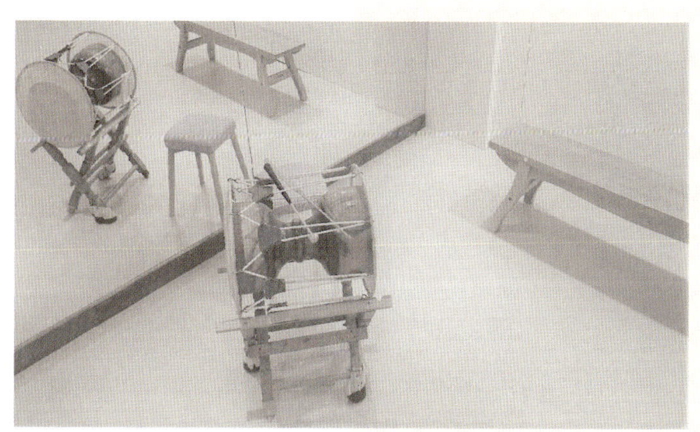

용두동의 한 초라한 연습실. 선생께선 한마디 말도 없었다. 어색한 분위기도 잠시, 장구채를 들고 굿거리장단을 치셨다. 무심한 선생의 눈매가 무서웠다는 기억. 그리고 입춤을 추었다. "내일부터 나오너라." 그 첫날은 이게 끝이었다. 그리고 끝이 없는 재인청 춤과의 운명이 시작되었다.

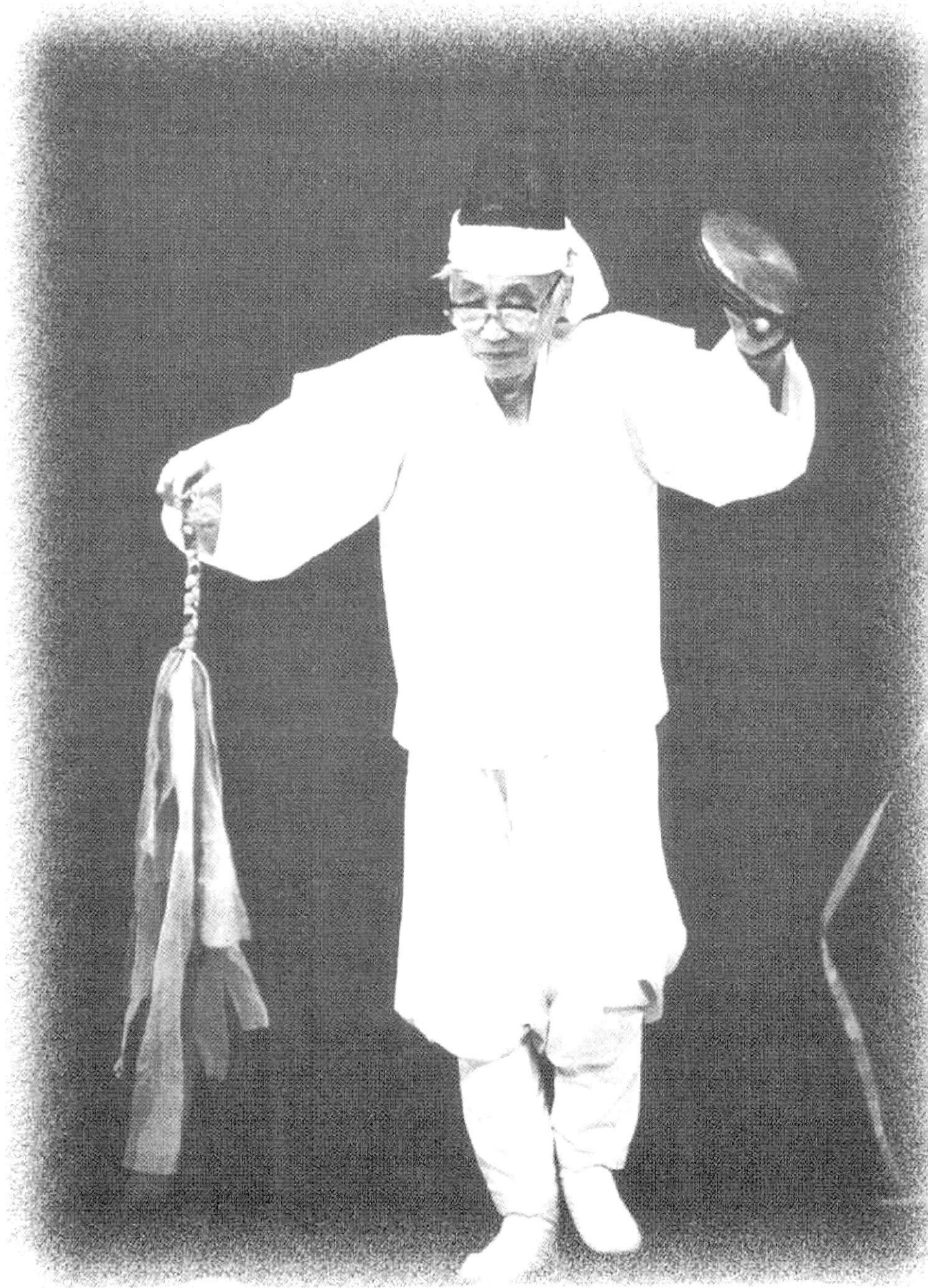

진쇠춤을 추는 선생의 공연 사진이다. 재인청이 창안해낸 진쇠춤은 복색부터 소품과 춤사위까지 가장 화려한 외양을 가진 춤이다. 그런데도 이 날 공연에서 선생께선 구군복을 벗고 흰옷을 입으셨다. 게다가 목화를 벗어던지고 버선을 신으신데다 화려한 군모마저 치우고 머리띠만 두르셨다. 왜 그러셨을까? 무대에서는 쓰지 않던 안경까지. 파격적일 만큼 거의 모든 것을 바꾸셨는데 오색 꽹과리채와 황동의 꽹과리는 그대로 들고나오신 것이다. 도대체 왜? 이 춤을 끝으로 선생께선 그리 오래지 않아 춤길 걷기를 마치시고 영면에 드셨다. 생각해본다. 당신께서 가실 저승길을 선생은 밝은 눈으로 스스로 길을 내고 준비하셨던 것이 아닐까 하고.

춤집 좋다

태평무는 장단을 모르면 제대로 춤을 출 수 없는 춤이다. 춤장단 자체가 이제껏 들어본 적이 없는 장단이다. 여느 태평무 장단과 유사한 것 같은데 전혀 느낌이 다르다. 그리고 창작무용도 아닌데 도입부에서는 긴 호흡의 음악에 특정한 춤사위도 없이 그저 걸음만 걷는다. 그런데도 선생께선 장단을 치고 구음까지 얹으신다. 대체 이걸 어떻게 받아들여야 한단 말인가? 끝없는 의문과 혼란 속에서도 선생께선 이렇다 할 답변을 해주지 않으셨다. 나는 그저 선생께서 첫날 시연해주셨던 태평무를 밑도 끝도 없이 추어야만 했다.

이런 와중에 더 이해할 수 없는 선생의 반응이 있어 기어코 나는 그 답을 들으려 무진 애를 쓴 기억이 난다. 선생께 춤을 배우러 온 다른 춤꾼들의 춤을 감상하곤 했었는데, 이상한 것은 춤을 잘 추는데도 선생의 표정이 일그러지곤 하는 것이었다. 선생의 답변은 이랬다. "춤을 잘 추는 것이 테크닉에 있지 않다." 대충 이해는 하겠는데 그렇다면 춤을 잘 추는 핵심 요소는 과연 무엇인가라는 새로운 의문만 들었다.

나는 태평무만 일 년을 넘게 익혔다. 어지간한 춤은 길어야 몇 주면 익힐 수 있었던 나로서는 견디기 힘든 시간이었다. 먼 길을 찾아 교습소에 가면 선생께선 가르치시기는커녕 아예 알아서 하라고 내버려 두는 날이 더 많았다. 나는 도무지 이해할 수가 없었다. 고액의 작품비에다 꼬박꼬박 월사금까지, 속이 부글부글 끓었다.

계속해야 하나 갈등하면서도 오기가 생겼다. 그 오기는 첫날 선생의 시연이 계속 눈앞에서 춤을 추고 있었고 선생께서 시연하셨던 그 날의 신비한 경험을 놓칠 수가 없다는 데서 비롯된 것이 틀림없었다. 춤을 배우러 왔는데 알아서 추는 시간만 석 달째로 접어들면서 재인청 춤의 정체가 잡힐 듯 이상하게도 모종의 재미가 붙기 시작했다.

어언 태평무로만 일 년을 꽉 채웠을 즈음이었다. 하루는 네 태평무 장단을 뜨자는 것이다. 이건 또 무슨 말씀이신가 싶은데, 선생의 목소리는 단호하면서도 힘이 있었다. "같은 태평무라도 네 몸의 태평무는 다르다. 당연히 네 태평무에 맞춘 장단이 있어야 한다." 당시만 해도 재인청 춤 장단을 다루던 전용 악사들이 상당수 생존해 계셨다. 선생께서는 최고의 악사들을 선정하여 드림팀을 직접 꾸리셨다.

모두 녹음실에 모였다. 선생께선 장구를 잡고 특별한 사전 조율도 없이 연주가 시작되었다. 나로서는 선생의 교습실을 나와 춘 첫 태평무였다. 이윽고 한바탕의 춤과 함께 녹음이 끝나고 세기의 악사들이 이구동성으로 상찬한 말씀은 "춤집 좋다"였다. 선생을 바라보았다. 빙그레 웃고만 계셨다. 선생께선 그 어떤 춤꾼에게도 잘 춘다, 못 춘다는 표현을 쓰지 않으셨다. 대신 "춤집이 있다."는 표현을 하실 양이면 빙그레 웃었던 것이다.

춤꾼이 재인청 예인들에게서 '춤집이 있다, 춤집이 좋다.'는 표현을 들었다면 이는 최상의 상찬이다. 고 심우성 민속학자가 생전에 이동안 선생께 이 표현을 들어 무슨 뜻인가를 물은 적이 있었다. 선생께서 이르기를, "춤추는 동작의 폭이 꽉 차 있다는 건데, 장단과 장단 사이를 오뉴월에 소나기 피하듯이 엮어가면서도 한 치의 빈틈없이 눈을 찍어야 해." '눈'이라는 것은 춤의 입장에서는 '핵심'이고 장단의 입장에서는 '마디' 또는 '대목'이라 하는데, 이 눈마디를 찍지 못하면 나풀거리기만 한다는 비판을 감수해야 한다.

내가 선생의 용두동 교습소를 찾았을 때, 선생의 시연에서 본 그 거대함과 묵직함, 그리고 심장을 쥐락펴락했던 긴장과 이완의 요체가 바로 '눈'이었던 것이다. 그 '눈'은 장단에 휘둘리지 않고 장단을 속속들이 이해하고 갖고 노닐 수 있는 춤꾼만이 가질 수 있는 '기교의 저편'과도 같은 경지일 터. 일정한 가르침도 없이 스스로 체득할 수 있도록 이끄신 선생의 연단에 감사할 따름이다. 덕분에 나만의 태평무 장단이 만들어진 그 날, "춤집 좋다"는 이구동성의 상찬을 듣고서야 그 녹음실이 태평무 이수를 공인하는 자리였다는 것을 안 것이다.

태평무 이수증

나만의 태평무 장단이 만들어지고 그리 오래지 않아 선생께선 용두동 연습실을 서대문으로 옮기셨다. 서대문으로 찾아간 내게 선생께선 느닷없이 "다음에 올 때는 받아쓰기 준비를 해오라" 하신다. 그즈음 선생의 발음이 어눌해지고 있던 터라 자꾸 말씀을 여쭙는 건 무리다 싶어 이유를 묻지 않았다. 무엇인가 글로 남겨야 할 중요한 가르침이 있다 지레짐작만 하고 국문학과 출신의 지인을 데리고 연습실로 갔다. 나와 동행한 지인 앞에 내놓으신 말씀은 놀라운 내용이었다.

「위의 문하생은 본인의 지도 아래 '태평무' 전 과정을 원형대로 이수하였음을 기쁘게 생각합니다. 앞으로 전통무용을 계승, 발전시켜 나가는 무용인의 한 사람으로서 특별히 끊이지 않고 '태평무'를 전수시키는 사명을 다해 주시기 바랍니다. 아울러 이 기록은 본인이 계승, 전수해 온 '태평무'에 대한 역사적 책임을 다하였음을 알리는 것이며 꼭 같은 책임이 위 문하생에게 지워지게 된 것을 만인에게 알리는 것이기도 합니다.」

선생께선 1983년 '발탈'로 국가 지정 중요무형문화재 제79호 예능 보유자로 지정되셨다. 발탈이 중요무형문화재 심의 대상이 되었을 때,

재인청 '태평무'도 함께 심의 대상에 올라가 있었다. 그런데 태평무는 지정되지 못하고 발탈이 지정된다는 소식을 듣고 "나는 춤꾼이니 발탈로는 받지 않겠다" 버티셨다. 어렵사니 연구보고서를 올렸던 전문위원이 선생께서 안 하시면 발탈이 끊긴다는 말에 설득되고 만다.

이게 화근이었다. 나는 춤꾼이지 발탈 재주꾼이 아니라는 하소연을 입에 달고 사셨던 선생께선 '전통춤의 산 증인'으로 불리기를 원하셨다. 때론 남사당패를 따라 줄타기를 배웠던 이력으로 선생을 일러 '마지막 남사당'이라 부를 땐, 아주 잘못된 것이라고 분한 어조로 말하곤 하셨다. 물론 창, 재담, 춤 등이 한데 어우러진 발탈은 서민들의 희로애락이 잘 드러난 종합 가무극으로 국문학적 자료로도 소중하다는 평가를 받고 있다. 그러나 이러한 평가는 어처구니없게도 본말이 전도되어 춤꾼 이동안의 가치를 놓쳐버리는 요인이 되어버린 것이다.

이수자, 전수자를 내는 것은 국가나 도지정 예능보유자만이 행사할 수 있는 권리여서 굳이 내게 태평무 이수증을 주려 하신 뜻을 헤아리고도 남음이 있는 것이었다. 더구나 이수증의 내용을 보면 선생께서 생애 전반을 통해 지니셨던 재인청 춤에 대한 역사적 소명과 지향이 얼마나 숭고한 것인가 말이다. 내용을 받아쓴 지인도 숙연한 표정이었다. 나는 공식적으로는 전혀 인정받지 못하는 이 '태평무 이수증'을 사랑한다. 나는 복받치는 설움과 함께 재인청 춤의 계승자라는 책무를 기꺼이 받아들인 사건이었던 것이다.

이 태평무 이수증 이후로 선생님의 가르침은 마치 폭포수와도 같았다. 선생께선 남은 시간이 별로 없다는 사실을 직감하고 계셨던 것이 틀림없다. 태평무가 슬로우푸드라면 진쇠춤과 엇중몰이신칼대신무는 패스트푸드였다. 아니 전광석화와도 같은 속도였다는 게 더 정확할 듯싶다.

태평무를 익히기 위해서는 필히 익혀야 한다고 가르치신 팔박기본무는 새로운 모든 춤 앞에서 마치 에필로그처럼 추어야 했다. 그리고 재인청 춤 중, 가장 화려하고 역동적인 진쇠춤은 그 역동성만큼이나 빠른 속도로 진행되었다. 선생께선 무언가에 쫓기고 계셨다. 서대문 연습실을 작파하고 주거지를 수원으로 옮기시면서 화령전을 연습실로 부르셨다. 종내에는 입원하신 병원까지 나를 부르셨다. 그렇게 익힌 '엇중몰이신칼대신무'가 선생의 상여를 보내드리는 춤이 될 줄이야.

나는 안다. 태평무를 제대로 추어야 나머지 춤들을 허락하기로 하셨던 것을. 어쩌면 전수하지 못할 수도 있다고 애태우셨음을. 마지막 남은 하나의 숨결까지 혼신의 힘을 다해 쏟아주신 선생의 사랑을 가슴 시리도록 안다. 대학원에 원서를 넣었다. 선생께서 부어주신 모든 것을 담으려 했다. 나 역시 혼신을 다해야 보답이 된다고 채찍질을 했다. '이동안의 춤세계 연구'가 그렇게 나왔다.

석사학위 논문을 들고 선생의 묘소를 찾았다. 선생께선 생전에 나를 부를 때, 이름대신 '앙금채'로 부르셨다. 우짖는 새소리가 "앙금채야,

앙금채야"로 들리는데, 어찌 들으면 선생의 소탈한 웃음소리도 섞인 듯,
참 잘했다 반기신다.

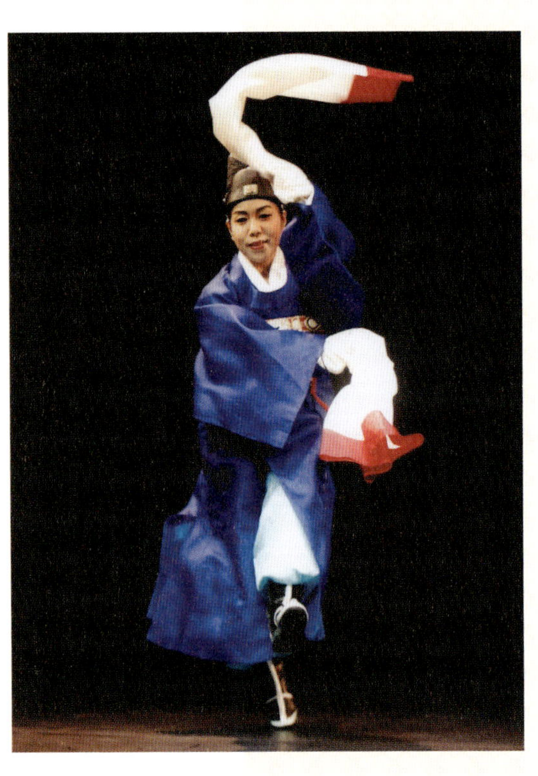

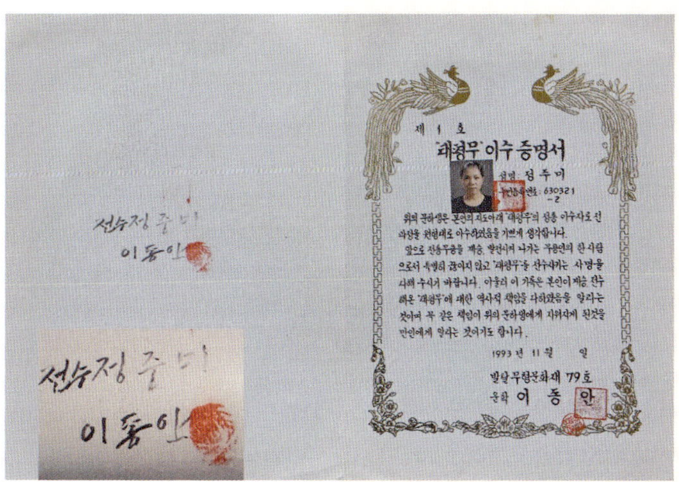

선생께선 당신의 춤 이수와 관련하여 생애를 통틀어 처음이자 마지막 이수증을 필자에게 수여하셨다. 잘 살펴보면 선생의 확고한 마음이 들어 있음을 알 수 있다. 직인과 도장으로도 마음이 쓰였는지 자필 글씨와 함께 지장까지 남기셨다. 이를 넘어서는 마음의 표현이 세상 어디에 있겠는가! 나는 힘이 들 때마다 이 자필과 지장을 통해 늘 나의 춤길을 새롭게 한다.

재인청 춤과 장단

백문이불여일견百聞而不如一見이 아니라 백문이불여일타百聞而不如一打다. 장단은 아무리 들어도 직접 쳐봐야 하는 것이었다. 태평무를 익히면서 재인청 춤이 장단과의 조화에서 절묘한 멋이 나온다는 것을 내 깜냥으로도 눈치를 채고 있었다. 태평무를 떼자 장단을 뜨고 이수증까지 받게 되는 일련의 성취들이 바쁜 일상으로 잦아들 즈음, 선생께선 이젠 장단 공부를 하라신다. 태평무를 학습하는 기간에는 눈길도 제대로 안 주시더니 선생께서는 요사이 내가 해야 할 일들을 부쩍 챙기신다.

문제는 경비였다. 무슨 장단 수업에 춤 작품비를 내야 하듯 써야 하는 것인지! 마침 나의 사정이 여의찮았던 터라 망설이다 못해 슬그머니 의심병이 생기고 말았다. 그러면서도 어렵게 배운 춤인데 장단까지 익히면 당연히 좋은 일 아닌가! 두 생각이 서로 티격태격하는데 나는 우리 춤이 가무악과는 떼려야 뗄 수 없는 불가분의 관계라는 사실을 놓치고 있었다.

선생께선 춤꾼일 뿐이다. 전문 악사도 아닌데 무슨 작품비람! 남들처럼 MR을 쓰면 되지. 악사들은 뭐 먹고 살라고! 그런데 선생의 채근은 더욱 심해지고 있었다. 이상하게도 "선생님 제가 사정이 좋지 않아서요.

준비되는 대로 말씀드릴게요."라고 준비했던 완곡한 거절의 언사를 쓸 수가 없었다. 결국, '꼭 해야 한다.'는 것보단 '해보지 뭐!'라는 오기가 섞인 자포자기의 심정으로 선생의 장구 앞에 앉았다.

여러 요소에서 필요 경비들을 살뜰히 줄여야 했다. 흔쾌하지 않은 모든 일에는 불만이 있는 게 인지상정일 터. 그런데 선생의 장구 앞에 앉아 따라 치는 장구 장단과 가락은 첫날부터 나를 놀라게 했다. 태평무를 추면서 듣는 장구와는 전혀 판이한 세계였다. 가장 큰 소득은 징단을 익히면서 춤사위들이 떠오르는데 이게 나에게 대단히 분석적인 시각을 선사했다.

춤이 정박을 따라 추는 부분과 어떻게 해서 춤사위들이 장단을 거슬러 엇박을 밟게 되는 건지, 그리고 이런 요소들이 어떻게 절묘하게 뒤섞여 장단과 하나가 되는 건지 구분할 수 있는 경험은 참으로 소중했다. 심지어는 너무나도 당연한 것으로 여겨 놓치고 있었던 비밀 하나를 알게 된 것도 있다. 그것은 선생께서 그리도 강조하셨던 엇중모리 장단이 엇중몰이신칼대신무 춤 장단에 존재하지 않는다는 사실이었다. 이를 처음 깨달았을 때는 큰 충격이었으나 기실은 단순한 하나의 장치였다. 예를 들어 장단은 엇모리장단인데 춤꾼은 엇중모리 느낌을 떠올리면서 춤을 춘다면 춤은 장단에서 미세하게 어긋나게 된다. 그런데 이게 바로 '엇'이고 관객으로서는 '신선함'을 선사하는 요체가 되는 것이었다. 이른바 '오브제'다. 재인청 예인들은 어찌 이런 어긋남의 미학을 십분 활용할 수 있었던가!

장단 공부는 춤꾼이 어떻게 '눈'을 찍어 '춤집'을 크게 보이게 하는 가에 대한 나의 질문에 하나의 열쇠를 제공했다. 여전히 이론적으로 그 모두를 설명할 수는 없지만 분명한 것은 길을 보았다는 확신이었다. 아, 어찌하여 재인청 예인들은 이 절묘하고 거대한 장단의 세계를 창안해낼 수 있었단 말인가? 선생께서 익히고 공유했던 재인청 장단의 세계를 내가 엿보게 되다니! 잠시의 돈타령이 부끄러웠다. 선생께선 내가 제대로 춤추기를 진정으로 원하신 것이었다. 그리고 단언한다. 장단은 듣는 것이 아니라 보는 것이어야 한다. 최소한 춤꾼이라면 말이다.

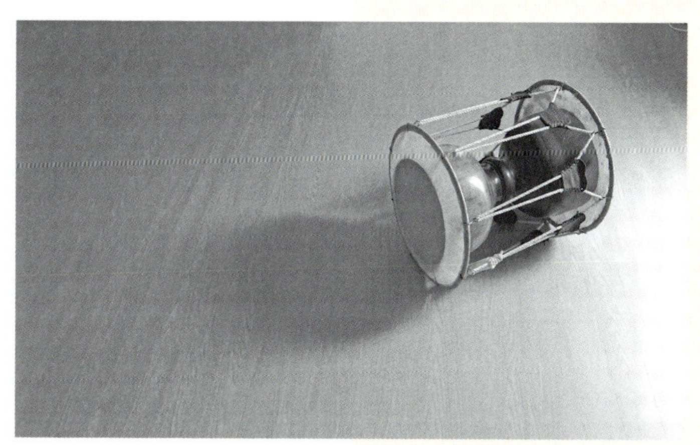

장구의 '장'은 노루이고 '구'는 개다. 작은 소리에도 화들짝 놀라는 노루와 개의 가죽으로 장구를 만들었으니 그 얼마나 민감한 소리를 내겠는가! 민감함을 어찌 다스리기에 그토록 섬세한 장단이 걸어나와 춤이 된단 말인가! 재인청 춤은 장구의 이 두 가죽을 연결하는 조임줄을 조이는 부전을 모두 당기면서 춤은 시작되는 것이다. 필자는 이 사실을 선생을 통해 배운 것이다.

광대와 재인청

축제의 역사가 민족의 역사로 이어진 만큼, 축제의 주역이었던 광대를 빼고서는 우리 춤의 역사를 다룰 수 없다. 신라와 고려들 관통하여 상당한 지위를 누렸던 광대들의 삶은 조선 개국과 동시에 국가 중심의 축제문화가 폐지되면서 뿔뿔이 흩어지고 만다. 그러다가 순조 24년인 1824년에 이르러서야 국가 행사의 필요성이 대두되면서 경기, 충청, 전라지역에서 나름의 지방 활동을 이어오던 광대들을 통합한 중앙 조직이 출범하게 된다. 그 조직이 바로 재인청이다. 하지만 경술국치는 그마저도 공중분해를 시키고 말았다. 춤꾼 이동안은 재인청이 사라진 허허벌판에서 등장한 춤꾼이었다. 놀라운 일이 아닐 수 없다. 그의 등장은 재인청 예혼의 힘, 또는 재인청 핏줄의 힘이라 하지 않겠는가! 마땅히 광대와 핏줄을 살펴봐야 한다. 비록 잊힌 화양연화이나 이동안 스승께서는 재인청 춤의 부활을 온몸으로 증명한 분이었으니 말이다.

조선조 최고의 예술기관, 재인청

경기 장단, 전라 소리, 경상 춤이란 규정적 평가가 있다. 여기서 '경기 장단'은 예로부터 경기 무악 장단이 다른 지역 장단보다 화려하여 뭇 청중들을 사로잡았던 역사가 있었기 때문이다. 장구의 경우, 한 20년 치면 "겨우 눈을 떴구면!" 했단다. 경기 장단이 워낙 명성을 떨치다 보니 출신이 경기라는 이유 하나만으로 극진한 대접을 받은 데는 그만한 이유가 있었다.

맷돌로 장단을 익혀 세 개를 닳아 없애면 장고의 고수로 인정하여 '왕산이'라 불렀다. 여기에 더해 유명한 춤꾼이나 세도가에서 꼭 찍어 부르는 유명세까지 업으면 '제공원提控員'이라 했다. 이 수준을 넘어서면 '제법사諸法師'라 하였는데, 이 칭호를 얻은 자만이 제자를 두고 가르칠 수 있다고 하였으니 '경기 장단'의 명성은 엄청난 시간과 피땀의 결정체라 해도 과언이 아니다.

이런 명성의 배후에는 재인청 예인들이 포진하고 있었다. 재인청의 교육과정은 장단뿐만 아니라 춤, 판소리, 줄타기, 민요, 기악, 재담, 연희 등등 가무백희歌舞百戲를 망라한 것이었다. 교육의 성취 정도와 조직 운영을 위한 상벌 방식도 특별했다. 일정 수준의 교육과정을 이수한 계원에겐 마치 과거에 급제한 양반처럼 무려 3일간이나 삼현육각三絃六角을 울리며 시가행진을 벌여주었다 한다. 반면에 위계질서를 어긴 계원에겐 '손도법損徒法'이라 하여 그 누구도 삼 년간은 말을 건네지 않아 고립시켰다 하니, 재인청의 교육 수준을 미루어 짐작하고도 남음이 있다.

재인청의 교육과정과 내용이 이렇게 엄격하였던 것은 소속 광대들이 국가 축제를 담당했던 전통의 광대 집단의 후예들이었고, 후예였던 만큼 전래의 전통적인 훈련방식과 과정을 그대로 따랐기 때문이다. 사실, 국가적 차원에서 진행되던 축제의 문화는 조선 건국과 함께 현저히 축소되었고, 이런 시대 조류 때문에 광대들은 지역 단위의 자체 생존전략을 펼칠 수밖에 없었다. 그렇기에 광대들은 광해군 폐위와 함께 산대희山臺戱를 폐지시킨 인조에 이르러 그들만의 조직으로 전락하는 길을 걸어야 했다. 이런 와중에 1824년, '사신 맞이'라는 국가적 행사를 위해 팔도의 광대들을 소집하고 전국 조직을 만들면서 통일시킨 이름이 '재인청'이다.

이 저간의 사정을 잘 알려주는 기록이 있어 적어둔다. 재인청의 수장인 도대방都大房과 지도부였던 선생들의 행적을 기록한 것으로 아쉽게도 훈서訓書의 내용만 남았는데 화자話者는 재인청에 닥친 위기에도 소명을 다해야 한다고 소속 4만 계원에게 호소하고 있다. 180년을 넘은 이 호소를 2020년대를 사는 오늘도 여전히 내 가슴에서 울리는 것은 어찌된 일일까?

'아! 우리 계원 4만 명은 어찌 스스로 서로를 멸시하고 규약을 깨뜨릴 수 있겠는가? 대개 우리들이 맡은 것은 나라에서 중국의 칙사勅使가 올 때, 산대희를 하여 그들을 기쁘게 하는 것이다. 그리고 재인청에 참가하여 순번대로 관가의 공역公役에 응하는 것이고 사적으로는 다른 사람들을 섬겨 우리들을 살찌우니, (중략). 갑진 이후에 조산造山의 규칙이 깨지자 우리 무리들도 곧 한산해지게 되었다. 그러나 오히려 여전히 관가의 공역에 응하고 또 청내(재인청 내부-필자 주)에 규칙을 세웠으니 어찌 감히 조금이라도 소홀하고 태만하겠는가? (중략). 아! 오직 우리 경기도 계원들만도 대략 4만 명이니 모두 재인청의 훈계를 따르고 우리의 약속을 쫓는다.' - 「경기도창재도청안京畿道唱才都聽案(1836)」 중, '訓書'에서

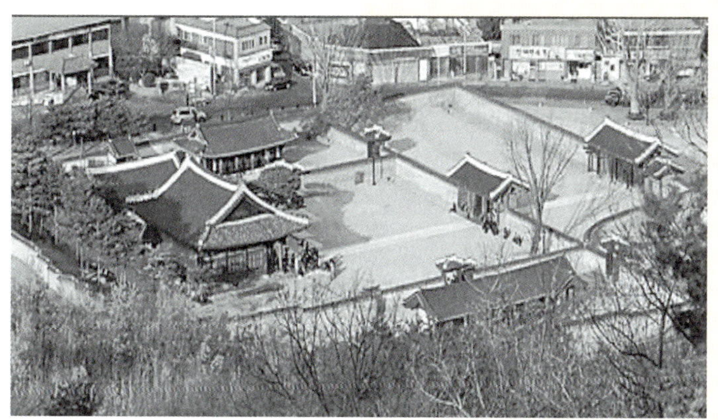

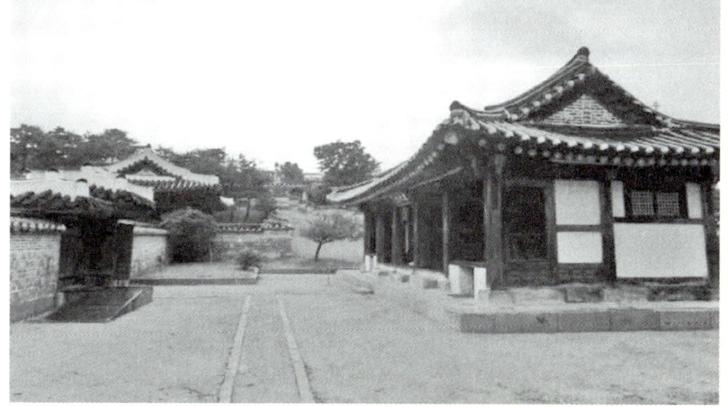

재인청은 조선 광대들의 결사체이자 동시에 조선 팔도의 유능한 예인들을 모아 광대의 반열에 오르기까지 가르쳤던 최고의 교육기관이기도 하였으나 그 교육 시설에 대한 실체적 기록은 알 길이 없다. 다만 정조대왕의 부왕 사도세자에 대한 사랑으로 지어진 화성행궁에는 정조의 사후, 그 곁에 어진을 봉안한 '화령전'을 세웠는데 선생께서 여기서 후진들을 가르친 세월이 있어 사진으로 소개한다. 위는 화령전의 전경이고 아래는 선생께서 거처한 화령전의 한켠인 풍화당이다. 필자는 이 풍화당의 대청을 무대로 선생 앞에서 춤을 춘 적이 있다.

모가비와 비가비의 연리지

우리 민족은 축제의 민족이다. 우리가 교과서에서 배웠던 부족국가의 제천의식에서 비롯된 축제문화는 신라의 팔관회와 고려의 연등회처럼 국가 차원의 문화이다. 그런데 국가가 운용하는 국가의 축제이니만큼 축제를 이끄는 주역은 최고의 기예를 갖춘 당대 최고의 예인이지 않겠는가? 그런데 흥미로운 사실은 그 주역이 신라에서도 화랑이었고 고려에서도 화랑이었다는 사실이다.

신라의 화랑은 기예뿐만 아니라 국방과 국정 전반에까지 훈련된 신라의 미래이자 핵심 엘리트 세력이었다. 천 년의 제국 신라를 구축한 힘은 화랑에 있었다 해도 과언이 아니다. 달도 차면 기우는 법. 신라가 쇠약해지고 고려가 다시금 통일 국가를 만들면서 태조 왕건은 신라의 힘을 벤치마킹했다. 신라의 팔관회를 계승하고 불교를 국교로 세웠던 만큼, 연등회까지 국가 축제의 장으로 펼쳤다. 이런 고려의 근간이 필연적으로 화랑의 후예들을 선택의 여지 없이 축제를 담당할 주역으로 발탁한 것이다.

신라 화랑의 후예들 입장에서는 고려의 이러한 선택이 최소한 안정적인 일자리를 보장한다는 점과 최고의 기예를 전수해야 한다는 전제

조건만 갖춘다면, 일자리의 세습이라는 매력적인 헤게모니를 갖게 된 것이다. 신라가 필요 인재를 양성하였다면, 고려에서는 자신이 일정한 능력만 갖추면 대접받는 시대로의 전환이었다.

결국 화랑의 후예들은 이에 부응하여 '광대廣大'라는 전문 예인으로 변신하는 데 성공한다. 고려의 입장에서는 이 광대들을 등장시키면서 국가가 먹여살리는 콘텐츠가 아닌 자생력을 갖추는 콘텐츠의 전환을 만든 것이다. 이 덕분에 고려 후반, 원이 복속 시대를 기치면서 축제의 시대가 점차 저물어가는 와중에도 광대들은 크게 위축되지 않을 수 있었다. 더구나 조선시대의 광대는 천민이라는 신분의 나락으로 떨어졌음에도 자신들을 세력화하고 유지하는 동력으로 작동한다. 그 결과물이 민간 예인들의 조직이라는 핸디캡에도 국가의 행사를 독점하는 '재인청才人廳'의 탄생을 이루었던 것이다.

하지만 그 질긴 생명력도 한일합방 이후의 양상은 조직으로서 광대의 역사는 종언을 고하고 만다. 다행히도 멸절滅絕은 아니었다. 그 중심에는 김인호와 그의 제자 이동안이 있었다. 두 춤꾼은 재인청 예인의 계보를 끝끝내 붙들었던 위대한 광대였다. 특별히 이동안 선생의 경우는 재인청 고유의 훈련 시스템을 거치지 않고서도 재인청 광대 반열에 오른 분이다. 오로지 스승 김인호의 역량에 의해 조련되고 단련되었다고 보아야 한다. 그럼에도 재인청의 마지막 도대방이란 평가를 받는 것은 그만큼 뛰어난 실력을 보여주었다는 증명이 있었기 때문이다.

재인청 광대의 반열에 들기란 얼마나 힘든 것인가? 오로지 춤의 언어, 춤의 문법만으로 세상을 사셨던 이동안 스승은 어찌 그 광대의 지평을 몸으로 들이셨을까? 사실 광대에도 두 가지 유형이 있다. 모가비와 비가비가 그것이다. 스승께선 모가비다. 매년 '재인청 춤판'으로 공연을 하다가 2016년 국립국악원의 수요춤전에서는 색다르게 '재인청 춤의 연리지連理枝'라는 이름으로 공연을 벌인 것은 광대와 재인청의 메커니즘을 알리고 싶어서였다. 여기에 전문을 소개한다.

'광대'라는 단어는 흔히 예인들을 낮추어 부르는 말이지만, 실은 그 한계가 없는, 지고의 경지에 오른 예인을 일컫는 것이었다. 이 광대에도 그 성장 과정에 따라 '모가비', '비가비'로 나뉜다. 모가비가 예기藝技를 세습적으로 이어 내린 광대라면, 비가비는 일반인이 광대의 경지에 이른 이들을 지칭한다.

신라를 대표하는 광대 집단은 화랑이었다. 제정일치祭政一致의 사회였던 신라에서 화랑은 상무정신尙武精神으로 무장했을 뿐만 아니라 하늘에 제사를 지내면서 호국의 영령들께 그 간절함이 닿을 수 있도록 예악禮樂에 있어서도 혹독한 훈련을 거쳐야 했다.

흔히 우리의 전통무용이 무속에서 나왔다고 하는 것은 화랑의 예악 속에 깃들었던 제사 형식의 의식적 요소가 후일 지나치게 강조되었던 까닭이다. 신라는 망했으나 화랑의 예악과 예기들은 축제의 시대 고려로 이어져 내렸고 화랑 출신들은 여전히 그 주역들이었다.

이들은 피나는 노력으로 전문 예인, 즉 광대로의 변신에 성공한다.

이들의 역할이 억불숭유抑佛崇儒의 조선조에 이르러 그 세력이 현저히 약화하긴 하였으나 도처에서 광대 집단을 만들어 세력의 힘으로 버티어나갔다. 그러나 임진왜란과 병자호란을 전후해서는 생계의 문제가 곧 생존의 문제가 되면서 절대다수의 광대들이 산산이 흩어졌고 스스로 광대이기를 포기하고 만다. 일부 광대들은 생존의 위험을 피해 그래도 머거리가 풍성한 전라지역으로 숨어들었고, 이들은 예기보다 무속의 영험함을 파는 전략으로 근근이 생계를 이어갔다. 그런가 하면 수도권에 남아있던 일부 광대들은 무속으로의 포장을 거부하고 오로지 예기에 의한 생존을 고집하였으나 역부족이었다.

다행히도 역사는 재인청이 역사의 저편으로 사라지는 것을 허락하지 않았다. 구한말 고종황제는 김인호(金仁浩, ?~?)라는 재인청 광대를 가까이했고 덕분에 김인호 광대는 이동안이라는 걸출한 제자 하나를 키워내게 된다. 다시 이동안(李東安, 1906~1995) 선생은 정주미라는 춤꾼을 키웠고 여전히 재인청의 역사는 이어지고 있다.

재인청 춤을 종합하면, 신라 진흥왕 재위 12년, 팔관회를 필두로 1,500여 년을 축제의 역사를 담당해온 예인의 전통을 그대로 이어내린 춤으로 팔도의 춤과 전통 장단의 특성을 종합한 춤이다. 따라서 오늘날 우리 춤판에서 전승되는 여느 춤들보다 한결 우리 춤의 원형에 가까운 춤이다. 동시에 재인청은 우리 민족이 성립시킨 광대의 역사다.

그리고 '연리지'는 뿌리가 다른 나뭇가지가 서로 엉켜 마치 한 나무처럼 자라는 현상을 일컫는 말이다. 광대의 뿌리, 화랑이 도맡았던 예기들은 모가비와 비가비로 구분되지도 않았으며, 오로지 하나의 지향점을 향해 하나가 되었던 이들이 이 땅에 구축한 미학이다. 마침내는 우리 고유의 전통미학이 되었다.

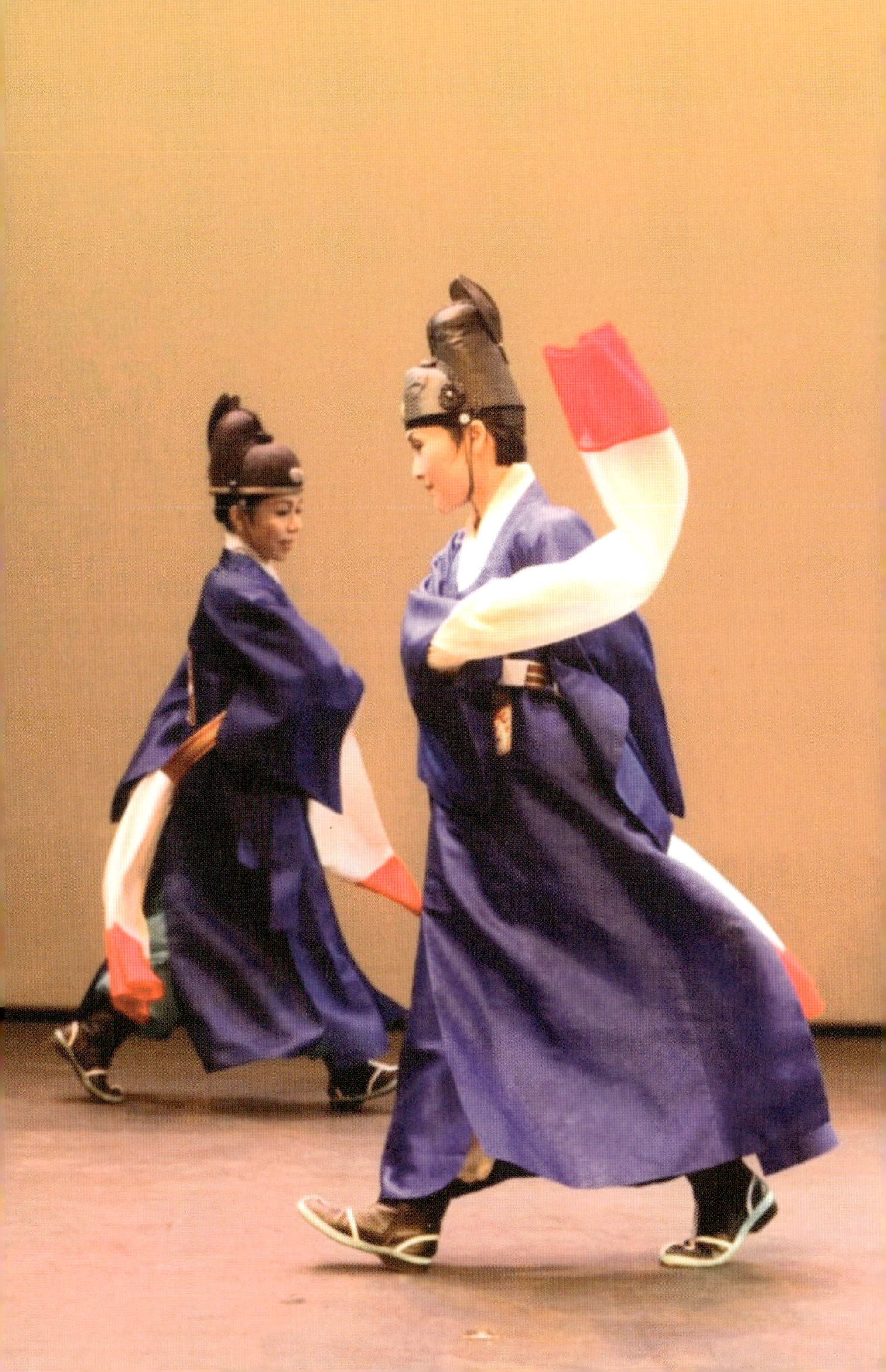

그 핏줄을 어쩌랴

굳이 광대를 재인청의 역사와 함께 알아본 것은 이동안 선생의 집안 내력이 재인청과는 떼려야 뗄 수 없는 집안이기 때문이다. 재인청은 근본적으로 신라와 고려, 그리고 조선을 관통하는 축제의 역사 속에서 이해될 수 있는 것이고 이동안 춤꾼의 등장은 사라질 위기에 처해있던 재인청 춤에 대한 재인청 예혼들의 마지막 선택과도 같은 것이었다.

이동안 춤꾼의 출생연도는 1906년이다. 부친 이재학과 해주 오씨 어머니 사이에서 맏이로 태어났다. 할아버지는 단가와 피리의 명인이었던 이화실이다. 작은할아버지는 줄타기의 명인 이창실이었다. 아버지 이재학은 어떤 일에 종사했는지 명확하게 밝혀진 바는 없으나 어머니가 무업巫業에 종사했다는 진술이 있고 보면, 부친 역시 관련 일을 했을 것으로 추정된다. 일부 진술에 의하면 그가 피리를 부는 장면이 목도된 적이 있다고도 한다.

그런데 이화실, 이창실 같은 명인의 아들인 이재학은 아들 이동안은 물론 자신의 어떤 자녀에게도 예업과 관련된 이야기만큼은 함구했던 게 분명하다. 그 연유는 모르겠으나 부친 이재학이 자신의 맏아들 이동안에게 '통감通鑑'을 익히게 한 것을 보면, 의도적으로 예인의 길과는 다른 길을 모색했던 것으로 보인다.

그런데 어린 이동안이 열두 살이 되던 해, 마을을 찾은 남사당패의 출현은 아버지의 노력을 한순간에 무너뜨리고 만다. 그만 그들의 연희에 홀린 나머지 가출을 해버린 것이다. 당시 남사당패의 모가비는 정화춘이었다. 이 정화춘의 남사당패를 따라다니면서 어린 이동안이 처음 익힌 예기는 줄타기를 시작으로 땅재주를 익혀 패거리의 무동으로 전국을 떠돌게 된다. 그의 줄타기 스승은 당대 최고의 줄꾼대인 과천 찬우물의 김영철 명인이었다.

하라는 글공부를 작파하고 세상을 떠도는 아들의 이야기를 들은 아비는 각고의 노력 끝에 황해도 해주에서 연희판을 벌이고 있던 아들을 찾아내는 데 성공한다. 이미 성년이 된 아들을 집으로 끌고 와 강제로 혼인을 시켰으나 겨우 나흘 만에 야반도주한다. 남사당패가 어린 이동안의 몸에 감추어졌던 끼를 깨운 것이라면, 그 끼는 이미 뿌리칠 수 없는 삶이 되어 버린 것이다. 스승께선 그때 왜 그러셨냐는 나의 질문에 "핏줄이지. 재인청 핏줄이었던 게지" 하셨다.

이 두 번째 가출로 인해 이동안은 당대 최고의 흥행사 박승필의 눈에 띄어 광무대光武臺에 입성하게 된다. 광무대는 당대 최고의 예인들이 소속된 어벤저스 팀이자 그들이 활동하는 최고의 무대였다. 이동안의 광무대 입성은 인생의 분기점이 되는 일생일대의 사건이 된다. 바로 이 광무대에 김인호金仁浩라는 재인청의 마지막 춤꾼이 활동하고 있었다.

재인청과 재인청 춤이 무엇인지도 몰랐던 이동안은 김인호가 유일하게 남은 재인청 춤꾼이라는 사실조차도 모르고 있었다. 결혼시키면 집안에 눌러앉을 거라 여겼던 아비는 광무대 활동을 펼치고 있는 아들을 찾았던 모양이다. 그리고는 김인호를 만나 집안과 아들의 내력을 말하고 재인청 춤 이수를 부탁한 것이다.

이로부터 이동안이 스승 김인호로부터 십 년에 걸쳐 배우고 익힌 재인청의 춤은 30여 가지에 이른다. 이 이후로 이동안 춤꾼은 재인청의 마지막 도대방^{都大房}이라 자처했다. 이는 사실상 해체된 재인청 조직의 계승이 아니라 재인청 광대라는 삶을 살겠다는 다짐이었고 재인청의 여러 예기 중에서도 가장 중요했던 춤의 전승을 다짐한 선언이었다.

이동안은 여기에 그치지 않고 재인청의 조직 속에서 활동했던 명인은 물론, 당대를 풍미한 내로라하는 예인들로부터 수많은 기예를 익혀 나간다. 춤과 장단의 명인 김인호를 비롯하여 줄타기의 명인 김관보, 발탈과 재담의 명인 박춘재, 남도소리의 명인 조진영, 대금 피리 해금의 명인 장점보, 태평소의 명인 방태진 등 그의 스승과 학습 종목은 끝이 없었다. 왜 스승 이동안은 그리하셨을까? 재인청 광대들은 전통적으로 만능 엔터테이너였기 때문이다. 하물며 이런 광대들의 수장인 도대방의 자격을 갖추기 위해서는 마땅히 해야 한다고 믿은 것이다.

광대의 길

광대 이동안은 광무대 활동으로 차곡차곡 자신의 명성을 쌓아나갔다. 그 명성은 자연스럽게 일본 공연단의 일원으로 선발되기에 이른다. 1927년, 일본 순회공연을 앞두고 부민관에서 태평무와 학춤을 춘 것이 계기가 되어 일약 화제의 중심으로 떠오른다.

공교롭게도 나 역시 2011년 일본의 수도 동경에서 재인청 춤판을 펼쳤는데, 당시의 공연은 요코하마 일본국립대(현 수도대)에 재직하고 있던 다케다 요코 교수의 노력으로 성사되었다. 요코 교수는 15년째 일본에서 한국을 오가며 재인청 춤을 배우고 있는데, 13년 차에 일본에서 자신의 춤판을 펼칠 정도로 재인청 춤의 재일 전도사 역할을 톡톡히 하고 있다.

우리가 섰던 동경의 능무대(能舞臺, 노부다이)는 일본 전통의 가무악 공연을 펼치는 전용 무대다. 리허설을 준비하면서 잠시 "선생의 일본 공연은 어땠을까?" 했었는데 놀랍게도 공연 후, 분장실로 찾아온 선생의 공연을 직관한 분들을 만난 것이다. 선생은 일본 공연을 여러 차례 펼쳤던 모양이다. "그분의 제자를 만나다니!"와 "스승의 관객을 만나다니!"로 세월을 뛰어넘은 소통의 기쁨이었다.

선생의 첫 해외 공연이자 첫 일본 공연은 대단히 성공적이었던 모양이다. 1927년에는 임방울, 이화중선을 포함한 명창들과 같이 아예 대동가극단을 조직하여 중국, 만주를 비롯 러시아의 국경지대까지 다니며 해외무대를 넓혀나갔다. 1937년에는 한성준이 만든 '조선음악무용연구회'에서 재인청 춤을 가르치는 강사로 초빙되기에 이르면서 선생의 명성은 실력으로 증명되기에 이른다.

이 시기에 이동안 선생은 신무용가이자 월북무용가인 최승희에세 태평무, 장고춤, 승전무, 입춤 등을 가르쳐 그녀가 세계적인 무용가로 성장하는 기틀을 만드는 데 일조를 하였노라 자랑하곤 하였다. 광복 후, 선생의 명성은 생애의 최정점을 찍었다고 해도 과언이 아니었다. 그야말로 화양연화花樣年花를 구가하신 것이다.

당시의 화려한 선생의 화양연화는 고 정범태 사진작가의 기록으로 엿볼 수 있다. "내가 선생을 알게 된 것은 광복 후 1946년 그가 서울에서 활발하게 활동할 당시였다. 도대체 어떤 분인가 궁금하던 차에 당시 서울 장안의 명사 부인들이 주최한 이동안 선생 후원회에서 그를 처음 만나면서부터 나는 그가 천하의 재주를 타고난 것을 알게 되었다. 재주만큼이나 화려하게 전국 방방곡곡을 누비며 활동했다." '장안의 명사 부인들이 주최한 후원회'라니! 선생은 광복 이후의 그 혼란스러운 사회 속에서도 자신의 팬덤을 형성시킨 놀라운 인물이었다.

1957년에는 부산에서 여성농악단을 조직하여 하루도 쉬지 않고 공연을 한 이력도 있다. 덕분에 부산대, 동아대, 부산교대에 초빙되어 춤을 가르쳤다. 서울에서는 선화예고, 리틀엔젤스 어린이무용단, 전통예술고 등에서 춤을 가르치는 등, 서울, 경기, 대전, 부산 등지에서 무용연구소를 열었고 이를 통해 선생의 춤을 익힌 수강생과 내로라는 춤꾼들의 명단은 길고도 길다.

문제는 그 긴 명단을 들고서도 선생의 춤을 물려받아 전승하겠다는 제자를 두지 못한 것이었다. 문제의 핵심에는 무형문화재 제도가 도사리고 있었다. 춤이 아닌 발탈로 인간문화재를 받은 분에게 어렵사리 배워봤자 무슨 소용이냐는 셈법과 '무형문화재 종목이냐, 아니냐? 입시 또는 콩쿠르 종목이냐, 아니냐?'를 두고 효용성이 매겨지는 현실에서 재인청 춤의 역사적 가치는 아무 소용이 없었다. 선생의 춤이 무형문화재가 되고도 남는다는 기대가 오랜 세월 속에서 점점 멀어져간 것은 치명타였다. 붙어있던 문하생마저 떠나버린 데다 교습소를 찾는 발길마저 거의 끊기고 만 것이다. 보호하겠다고 만든 무형문화재 제도의 역설이었다.

선생께선 이 역설을 잘 알고 계셨다. 그리고 자신의 시간이 얼마 남지 않았다는 사실을 직감하신 게 틀림없다. 전혀 감행하지 않았던 '이수증'을 내게 주시고 태평무에 대한 나의 책임을 다하였노라 하셨으니! 얼마나 다급하셨을까 싶다가도 이 지혜로운 구속 덕분에 오늘도 나는 재인청 춤길을 걷고 있는지도 모른다.

재인청 춤, 네 개의 스타일

귀거래사, 팔박기본무

태평성대, 태평무

절제된 신명, 진쇠춤

슬픔과 환희의 아포리아, 엇중몰이신칼대신무

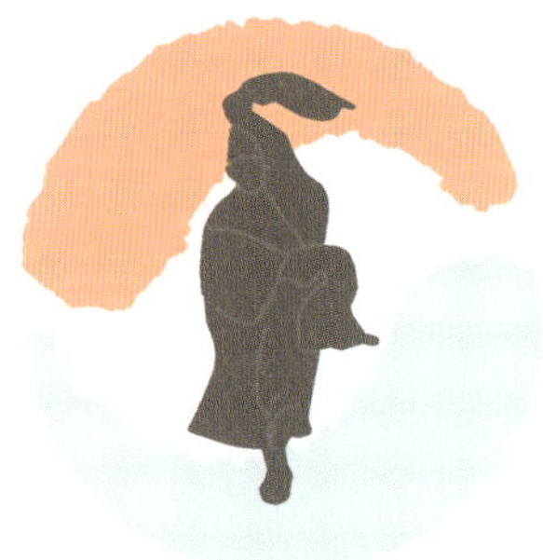

태평무가 '文의 춤'이라면 진쇠춤은 '武의 춤'에 해당한다. 문신들이 태평성대를 구현하고, 무신들이 승전의 기쁨을 전하는 나라! 당대의 위정자와 백성들이 꿈꾸었던 문치의 지향과 국방의 목표가 이 두 춤에 있다.

팔박무는 엄격한 정박의 타령춤과 엇의 기교가 넘치는 굿거리춤으로 구성되어 있다. 이 두 춤을 넘나들다 보면 재인청 춤의 비밀을 고스란히 배우게 된다. 단순히 기교만 배우는 것이 아니다. 물 흐르듯이 자연스럽게 추는 춤으로 규정되는 재인청 춤의 정체성을 갖추게 되는 것이다.

팔박기본무가 재인청 춤의 기본이고 태평무와 진쇠춤이 목적 지향의 춤이라면 엇중몰이신칼대신무는 일상에 충실한 삶의 이야기를 녹여내면서도 재인청 광대들의 창의성과 예술성을 한껏 담아낸 춤이다. 스승께서 이 네 춤을 지나칠 정도로 강조하신 것은 재인청 춤의 기본과 형상화, 지고의 예술성을 두루 갖추게 하실 목적은 아니었을까?

귀거래사, 팔박기본무

팔박기본무는 크게 두 파트로 나누어지는데 그 전반이 타령 장단에 기반을 둔 '타령춤'이고 후반이 굿거리장단에 기초한 '굿거리춤'이다. 타령춤에서는 팔을 수평으로 펼치는 사위와 앞으로 내미는 사위, 양팔 교체하는 사위, 도는 사위, 앉는 사위, 자주자주 팔바꾸기 등이 많이 나오며, 굿거리춤은 앉아서 시작하는데 무대 정면을 의식하지 않고, 앞, 뒤, 측면을 가리지 않고 추는데 정확히 여덟 방향을 돌면서 춘다. 양팔 올리는 사위, 팔 바꾸는 사위, 사랑사위, 팔박 사위, 상하체사위, 건너가는 사위 등 복잡하지 않으면서도 구성진 사위들이 많고, 그다지 화려하지는 않으나 정갈한 맵시가 있다. 반면에 굿거리춤은 춤사위의 변화는 심하지 않은데도 동선이 자유로워 대단히 기교적인 춤으로 보이게 한다. 한마디로 멋을 극대화한 것이다.

그런데 여느 기본무와는 달리 팔박기본무는 4박을 기본으로 춤 동작 하나를 완결시키지 않고 4박 하나를 잇대 8박을 기본으로 한 회무回舞가 특징이고 춤 동작 하나를 완결시키는 것을 원칙으로 한다. 이 때문에 특히 타령춤 부분에서는 춤의 호흡을 길게 할 뿐만 아니라 장중하면서도 단단한 춤사위를 만든다. 재인청 춤들이 단단한 위엄을 잃지 않고 예사롭지 않은 깊은 품격을 갖춘 춤사위가 되는 것은 전적으로 이 타령춤의 위력이다.

한 걸음 더 들어가서 타령춤이 빠른 타령장단이 아닌 느린 타령장단을 쓴 점에 주목하여야 한다. 느린 만큼 궁중무용의 격식과 장중함을 갖출 수 있고 위엄이 있어 보인다는 거다. 이 타령춤이 재인청 춤의 기본이 된 것은 재인청 광대들이 뜬광대와는 달리 대령광대待令廣大였던 것과 무관하지 않다. 대령광대였던 만큼 궁중무용을 벤치마킹하여 일정한 격식을 갖추기 위한 장치이기 때문이다.

이 재인청 팔박기본무를 주제로 한 새로운 시각 하나를 소개하고자 한다. 우리의 우주관 내지는 자연관과 결부시킨 것인데, 단순히 참고할 수준을 넘어 내게도 새로운 눈을 뜨게 한 소중한 견해였기 때문이다. 곰곰이 씹다보면 뭔가 마음에 닿는 것이 있다는 생각이다.

"물이 위에서 아래로 흐른다는 인식은 잘못된 것이다. 물은 하늘에서 이 땅으로 내리는 것이다. 이를 '래來'라 한다. 그런 연후에 흐른다. 이를 '거去'라고 한다. 흐르면서 또는 흐르고 흘러 바다에 이르러 하늘로 돌아간다. 이를 '귀歸'라 한다. 이를 '귀거래사歸去來辭'라 하는데 동양에서는 근본적으로 물의 흐름을 귀거래歸去來의 거대한 순환의 개념으로 인지한다.

팔박기본무의 타령춤과 굿거리춤을 반복하여 되돌려 보면, 사실은 두 춤에는 큰 차이가 없다. 그저 동선의 차이가 있을 뿐이다. 그런 까닭인지 마치 순례길을 걷는 순례자의 모습을 보는 것 같다는 객석의 평가가 있다. 어쨌든 타령춤은 장단과 한 몸이 되어 엄격하게 정박을 밟는다면, 굿거리춤은 다양한 기교를 보여주는 듯하지만 정작은 기교라 규정할 만한 춤사위가 없다. 타령춤과 본질적으로 큰 차이가 없다는 얘기다. 그런데도 많은 변화를 만든다. 신기한 일이다.

핵심은 동선의 차이다. 타령춤의 동선이 거대 우주의 순환을 따른다면 굿거리춤 역시 도돌이처럼 반복을 거듭하지만 귀거래의 장면 장면에서 작은 흐름을 만들 뿐이다. 큰 순환과 작은 순환이 절묘하게 어우러진다고 할까? 마치 지구가 태양을 공전하면서 달이 지구 둘레를 도는 것과 같은 이치다. 두 공전이 늘 같은 순환을 하면서도 반복할 때마다 세월이 흘러 세상이 달라진 느낌이다.

재인청 춤을 일러 이동안 선생은 물 흐르듯이 자연스럽게 추는 춤이라 한 바 있다. 하지만 위에서 아래로 흐르는 유연한 물길의 선이 아니다. 끊임없이 순환하며 생긴 다양한 변화를 이끌어내는 귀거래의 춤이다. 나는 재인청 춤의 정체성이 여기에 있다고 본다.”

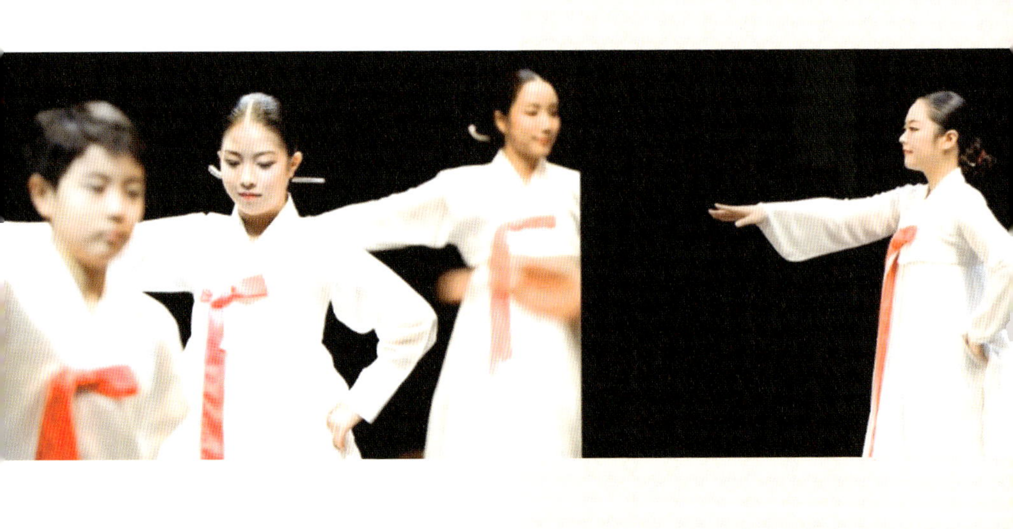

재인청 춤을 배우려면 필수적으로 배워 익혀야 하는 춤이 있다. 이를 선생께선 '기본무'라 부르셨다. 우리 춤의 유파들 사이에는 송범 선생의 기본무가 두루 퍼져 있다. 두 기본무 사이에는 큰 차이가 존재한다. 전자의 경우가 정박에 기초를 둔 박이라면 팔박기본무는 3분박을 주로 하는 춤사위로 엮여있다는 것이다. 정박을 쪼개 추는 데는 전자가 유용할 것이나 우리 춤의 속 멋을 탄탄하게 받치는 엇박을 노니는 춤은 후자의 것이 훨씬 유용하다. 재인청의 기본무는 크게 전후반으로 나누어 전반은 타령장단에 기초하여 '타령춤'이라 하고 후반은 굿거리장단에 기초하여 '굿거리춤'이라 부르는데 이 둘을 합치면 우리 춤 장단이 지닌 팔박의 특징을 제대로 아우르는 춤사위를 익힐 수 있다. 그리하여 재인청 기본무의 두 영역을 모두 아울러 '팔박기본무'라 부른다.

태평성대, 태평무

오늘날 태평무는 크게 세 가지로 구분한다. 재인청 예인들에 의해 전해 내려오는 태평무와 구한말 명무였던 한성준에 의해 창안되어 전해지는 태평무로 크게 나눈다. 그런데 한성준의 태평무는 강선영과 한영숙에 의해 각기 다른 태평무가 되어 중요무형문화재로 지정되면서 또 다른 유형으로 추어지고 있다.

일반적으로 태평무는 의식무용으로 본다. 관아나 궁중에서 태평성대를 기원하면서 만든 춤이라고 보기 때문이다. 그런데 이동안의 태평무와 발탈을 무형문화재로 천거하고 지정하기 위해 문화재 위원의 자격으로 조사에 참여했던 고 정병호 박사는 태평무의 형태와 형식을 토대로 궁중의 정재呈才에서 비롯되었다는 가설을 부인한 바 있다.

가장 현저한 형식적 차이는 무복에 있다. 강선영, 한영숙 두 태평무는 왕비의 복식이고, 재인청 태평무는 당상관 신분의 신하가 입는 관복이다. 그래서 화려하지 않다. 이 복식 덕택에 이동안 선생의 광무대 시절처럼 공연 때마다 일반인의 인기를 누리게 된다. 일반 백성에게는 혼례복으로만 유일하게 허용되었던 관복이었던 까닭에 민중의 정서에 밀착된 춤으로 인정받게 되었던 것이다.

또 다른 주된 차이로는 재인청의 춤은 바지춤男舞으로 춘 춤이다. 그래서 역동성이 강한 바지춤의 특성을 그대로 유지하면서 의식을 거행하는 제관같은 절제의 멋을 풍긴다. 근엄한 표정으로 내딛는 사뿐한 발디딤이나 신명을 내며 딛는 발동작, 긴 한삼자락을 휘날리며 뿌리고 앉고 제치며 던지는 등 태극선을 그리는 한삼놀음이 주를 이룬다.

무복과 춤사위의 특징들이 조화롭게 어울리는 재인청 태평무를 일러 한 평자는 "그다지 화려하지 않으면서도 구름 위를 긷듯 출렁이면서, 살얼음을 깨뜨리지 않는 사뿐한 디딤은 압권이다. 여기에 긴 한삼자락을 펼치고 뿌려 거둬들이는 팔사위와 표정이 없는 듯하면서도 의식을 거행하는 제관祭官처럼 위엄이 깃든 표정은 절제의 멋을 더해 준다."고 한 바 있다. 태평무를 일러 은근한 격조와 품격의 아름다움이 절도있게 드러나는 춤이라 말하는 이유다.

장단과 춤꾼의 태도를 보자. 긴 호흡을 가다듬는 춤의 첫 장면에서는 '길군악'을 뒤집어 '낙궁'이라 부르는 장단으로 시작한다. 부정놀이 장면에서는 제관의 의식처럼 사방을 다니며 인사로 예를 갖추어 춘다. 터벌림이라고도 부르는 반서림 장단에서는 리드미컬한 발놀림과 팔사위로 신명을 부른다. 부정놀이와 반서림 장단은 타악으로만 연주하다가 엇모리로 넘어오면서 기악과 구음이 들어와 떠들썩하게 섞이는데 마치 흥청거리고, 비틀거리고, 고뇌하는 듯 춤사위들이 다채롭다. 갑자기 번개가 치듯 기세등등한 올림채로 넘어가면서 장구와 꽹과리가 동시에 몰아치는데 춤꾼은 춤을 잘게 쪼개고 있다. 쪼갤수록 숨이 막혀온다. 숨이 막히는데 위엄은 그대로다. 잦은몰이장단의 변형인 경상도 엇궂서리, 넘김채, 겹마치기 장단들이 이어지면서 다급해 보이지만 일정한 질서와 규범을 유지하면서 바닥을 꾹꾹 디디는 발놀림이 화려하기 그지없다. 하늘을 향해 한삼을 한껏 펼치는데 땅과 하늘이 하나 되듯 이어지니, 이것이 태평성대로다 싶다.

정병호 박사의 말대로 정재呈才와는 확실히 다르다. 재인청 태평무가 지향하는 태평성대는 무결점의 이상향도 신기한 별천지도 아니다. 그저 자연의 섭리를 거스르지 않으면서 희로애락을 함께 나누는 우리의 평화로운 일상이 태평성대인 것이다.

강선영 선생의 태평무가 치장의 화려함을 본위로 하고 있다면, 한영숙 선생의 태평무는 단아함을 으뜸으로 한다. 반면에 치장과 분위기를 걷어내고 오로지 춤사위만으로 태평무를 면밀히 살핀다면 재인청 태평무가 단연코 압도적이다. 재인청의 태평무 역시 그 장단이 여느 태평무나 크게 다를 바 없지만, 장단 사이를 벌려 엇박의 영역을 크게 넓히고 한껏 노닐기 위해 빚어낸 춤사위들은 참으로 고급지다. 더구나 춤사위 자체가 지닌 섬세함을 가리시 않노록 소박한 춤옷을 선택한 것은 그야말로 신의 한 수가 아닐 수 없다.

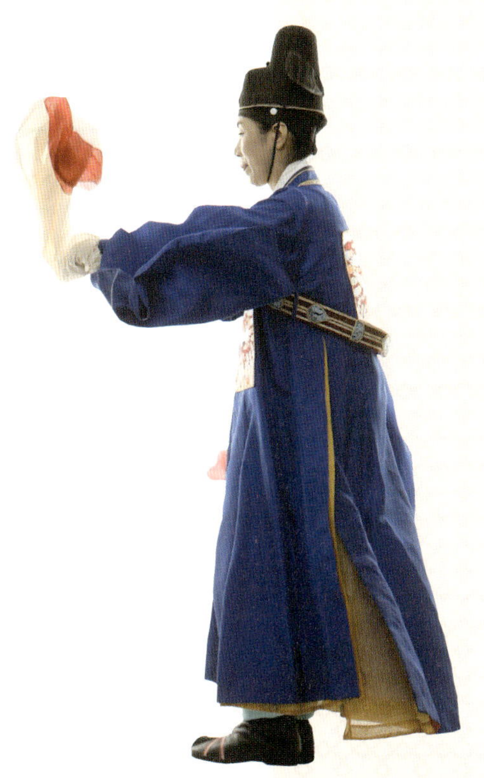

절제된 신명, 진쇠춤

진쇠춤의 무복을 보면 마치 궁중에 등청한 무관의 옷차림이다. 이 옷을 구군복具軍服이라 한다. 조선시대 후기 무관이나 행정관청의 높은 관리들이 입던 제복이다. 옛 구舊자를 쓴 군복, 곧 옛날 군복이 아니다. 구具는 '갖추다'라는 뜻으로, 구군복을 직역하면 '군복을 갖추어 입다'라는 의미가 된다. 즉, 우리가 흔히 사또옷으로 알고 있는 구군복이 이 옷의 공식 명칭이다.

이 구군복을 차려입은 팔도의 관찰사들이 궁중에 모여 나라가 태평하니 성군을 칭송하고 함께 기쁨을 누리는 자축연에서 펼치는 레퍼토리 중에서 시그니처 격으로 춘 춤이다. 춤이니만큼 왼손에는 진쇠라 부르는 꽹과리를 들고 오른손에는 오색 술을 길게 늘어뜨려 화려함을 극대화한 꽹과리채를 들고 등장한다. 이 채를 예인들은 '너슬채'라 했다. 너슬은 길고 연한 풀이나 털 따위가 늘어져 크게 자꾸 흔들리다는 뜻을 가진 '너슬대다', '너슬거리다'에서 따온 말로 평북지역의 방언이다.

진쇠춤에는 다른 그 어떤 춤에서도 쓰지 않는 진쇠장단을 쓴다는 것만으로도 차별적이다. 부정놀이, 반서림, 엇모리, 올림채, 진쇠장단, 경상도엇굿거리, 넘김채, 겹마치기, 잦은굿거리로 전개되는데 진쇠장단

은 32박으로 다스린다. 그런데 실제 연주되는 장단은 30박인데 '호흡박'
이라 하여 장단을 치지 않고 먹이는 두 박을 합쳐 32박으로 친다.

그렇다면 호흡박은 어떻게 작동되는가? 진쇠장단 직전의 장단은
올림챈데 이 장단은 자지러질 듯 짜릿한 흥분을 최고조로 이끄는 역할
을 맡는다. 춤꾼도 객석도 모두 엑스터시에 도달하고 나면 진쇠장단이
서서히 감정을 다스려가는데 이 과정에서 의도적으로 장단 연주를 멈춘
호흡박을 배치한다. 이 호흡박은 '어이'하고 추임새를 넣는 구간으로 흥
분으로 멈춘 숨을 절대다수의 관객이 한꺼번에 터뜨릴수록 완성도가 높
아진다.

사실은 말이 쉽지 이걸 완성하는 건 춤꾼과 관객이 하나가 되는, 완
전한 소통의 경지를 만들 수 있어야 비로소 도달하는 현실이 된다. 춤꾼
의 입장에서는 춤과 장단의 절묘한 조화를 통해 객석의 몰입도를 높여
야 한다. 그래야만 최고조의 신명에 도달하고 관객의 마음을 사로잡아
마음대로 이끄는 지휘자가 된다. 사실은 고도로 기획된 장치지만 제대
로 추어야만 자연스럽게 작동되는 장치이니 어지간한 노력으로는 이루
기 어렵다.

더구나 진쇠춤의 장단은 다양하면서도 난해하기로 정평이 난 춤이
다. 배우기가 매우 어려워 오랜 기간 갈고 닦지 않고서는 춤을 추기는커
녕 꽹과리조차 다스리기도 힘들다. 하지만 진쇠춤이 갖는 이 묘미를 완
성한 춤꾼에게는 재인청의 언어인 '눈마디, 또는 눈대목을 찍었다'는 상

찬을 듣게 된다. 이런 상찬을 무시로 들을 수 있을 때, 비로소 '숨집 좋은' 춤꾼으로 우뚝 서게 된다.

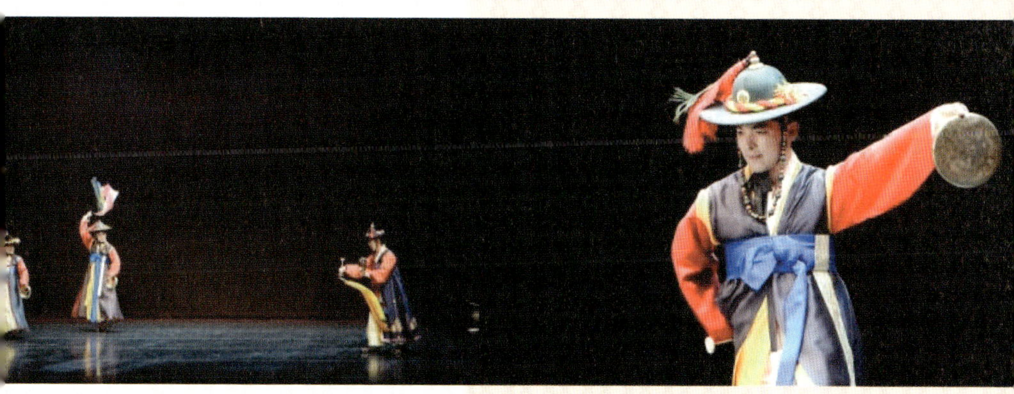

문관의 역할이 태평성대 구현을 위한 정치라면 무관은 내외의 적으로부터 백성을 보호하는 것이 태평성대를 담보하는 실천적인 행위가 될 것이다. 그런데 태평성대를 구가하는 사회를 이룬다는 것은 참으로 어려운 것이었을 터. 진쇠춤은 팔도의 치안과 군사를 맡았던 여덟 무관의 수장들이 임금 앞에서 춤을 추는 의식으로 무관들의 결의를 통해 태평성대에 대한 소망이었을 것이다. 군사적 위용과 튼튼함을 보여주는 무관들의 춤은 덕분에 참으로 굳세고 화려한 춤이 되었고 조직적인 춤사위로 단결된 힘을 한껏 발휘하는 춤이 되었다.

슬픔과 환희의 아포리아, 엇중몰이신칼대신무

이동안 선생께서 지니고 계셨던 그 많은 재인청 춤들 중에 이 엇중몰이 신칼대신무 만큼은 유일하게 선생의 창작품으로 알려져 있다. 그런데 정작 선생께선 아니다 하였으니 창작이라는 단정도 어려운 일이다. 하지만 선생의 80년 춤 인생에서 거의 막바지에 이르러 이 춤을 추었다는 사실과 이 춤을 사사한 제자가 나타나기까지는 선생을 제외한 그 누구도 이 춤을 추는 것을 본 적이 없다는 사실에 근거한 주장이다.

고 정범태 사진작가께서는 여기서 한 발짝 더 나아가 남도씻김굿에서 영감을 받아 만든 춤이라는 구체적 주장도 있다. 사실 여부를 떠나 재인청춤전승보존회와 진도씻김굿보존회와 인연을 맺고 15년 넘게 협연을 이어오는 것은 전적으로 엇중몰이신칼대신무 덕분이다. 2009년, '춤과 굿의 시나위'라는 이름으로 함께 큰 판을 벌인다. 진도의 무형문화재와 그의 이수자들이 총동원되고 우리 쪽 수석 춤꾼들이 하나가 되었던 무대. 재인청 해청의 이전에는 함께 연희를 했었을 재인청과 세습무가의 후예들이 오랜 세월을 뛰어넘어 드디어 다시 만난 것이다. 아전인수라 해도 좋다. 과천의 대극장 객석을 꽉 채운 관객들의 탄성과 탄식 소리가 내 귀에는 민족 축제의 역사를 주도했던 주역들이 재결합하는 일대 사건 앞에 선 감탄사였던 것이다.

이동안 선생은 이 춤의 이름에 신칼을 춤 도구로 쓰는 까닭에 신칼대신무를 넣어야 한다고 생각하신 모양이다. 그러면서도 '엇중몰이'를 덧댄 것은 지극히도 무속의 용어인 신칼대신무와는 전혀 다른 춤의 미학을 의도적으로 강화한 작명이다. 그런데도 이 신칼대신무가 마음에 걸렸던 모양이다. 결국은 '엇중몰이춤'이라고만 부르셨다.

사정이 이러하니 여기서 장단의 이름인 엇중몰이가 이 춤의 핵심 이름이 된 연유를 살펴보아야 한다 이에 대한 설명은 춤꾼의 문법, '재인청 춤과 장단'에서 다룬 바 있다. 중요하고 중요하니 조금 더 세밀하게 살펴보자. 엇중몰이신칼대신무에는 엇중몰이장단이 없다. 단 한 박도 연주조차 되지 않는 장단이다. 그런데도 선생께서 엇중몰이를 춤의 이름으로 삼은 데는 이유가 있다. 재인청 춤을 제대로 추었을 때, 칭찬의 언어가 되는 "눈마디 또는 눈대목을 찍었다", "눈이 박혔다"는 평가를 얻기란 쉬운 일이 아니다.

오랜 세월 재인청 춤을 익히고 추면서 선생의 몸에 새겨버린 그 '눈'을 아무리 강조해도 제대로 구현하는 제자가 없어 많이 안타까우셨던 게 틀림없다. 결론부터 말한다면 엇중몰이를 이 춤 이름에 넣은 것은 눈이 박힌 재인청 춤을 제대로 구현해보라는 선생의 친절이다. 장단은 엇모리장단인데 춤꾼은 엇중몰이장단을 떠올리면서 춤을 춘다면, 춤은 장단에서 미세하게 어긋나게 된다. 선생께선 이걸 노린 것이다. 어긋남의 미학, 이른바 '오브제' 효과가 보다 용이하게 만들어지니 말이다.

그런데 선생께선 이게 관객에게도 부지불식간에 샅은 효과를 준다고 판단하신 모양이다. 관객들이 대단히 신선하게 다가간다고, 이 춤에 대한 객석의 반응이 예사롭지 않다고. 그래서 마지막으로 입원했던 병원에서 내게 말씀하시기를, 퇴원하면 정말 멋진 엇중몰이신칼대신무를 추겠다 하셨을 정도다. 아쉬운 것은 이 마지막 소망을 결국은 실현하지 못하신 것이다.

신칼대신무를 춤의 이름에 넣었다, 결국 빼는 선택을 하셨지만, 이 춤에서 신칼의 역할은 지대하다. 긴 대나무에 흰 창호지를 오려 대나무 양 끝에 매달아 너슬대는 신칼은 춤꾼의 감정선을 절묘하게 시각화하는 데 크게 기여하기 때문이다. 덕분에 양팔을 돌리고 뿌리거나 휘돌리는 맵시는 경건하기도 하고, 뜨거운 울음을 참아내는 듯 앙다문 입술 사이로 서슬퍼런 묘한 분위기를 자아낸다. 신칼은 이렇듯 슬픔의 아포리아였다가 문득 투명하고도 맑은 표정을 짓기 시작한다. 드디어 신칼은 하늘의 기운을 모으고 춤꾼은 자신의 디딤새로는 지기地氣를 이끌어 올려 천지가 합일合一하는 신이神異한 신명이 터져나온다. 생과 사의 경계가 허물어지고 해탈과도 같은 희열! 신명의 아포리아마저 이 춤은 만들고 마는 것이다.

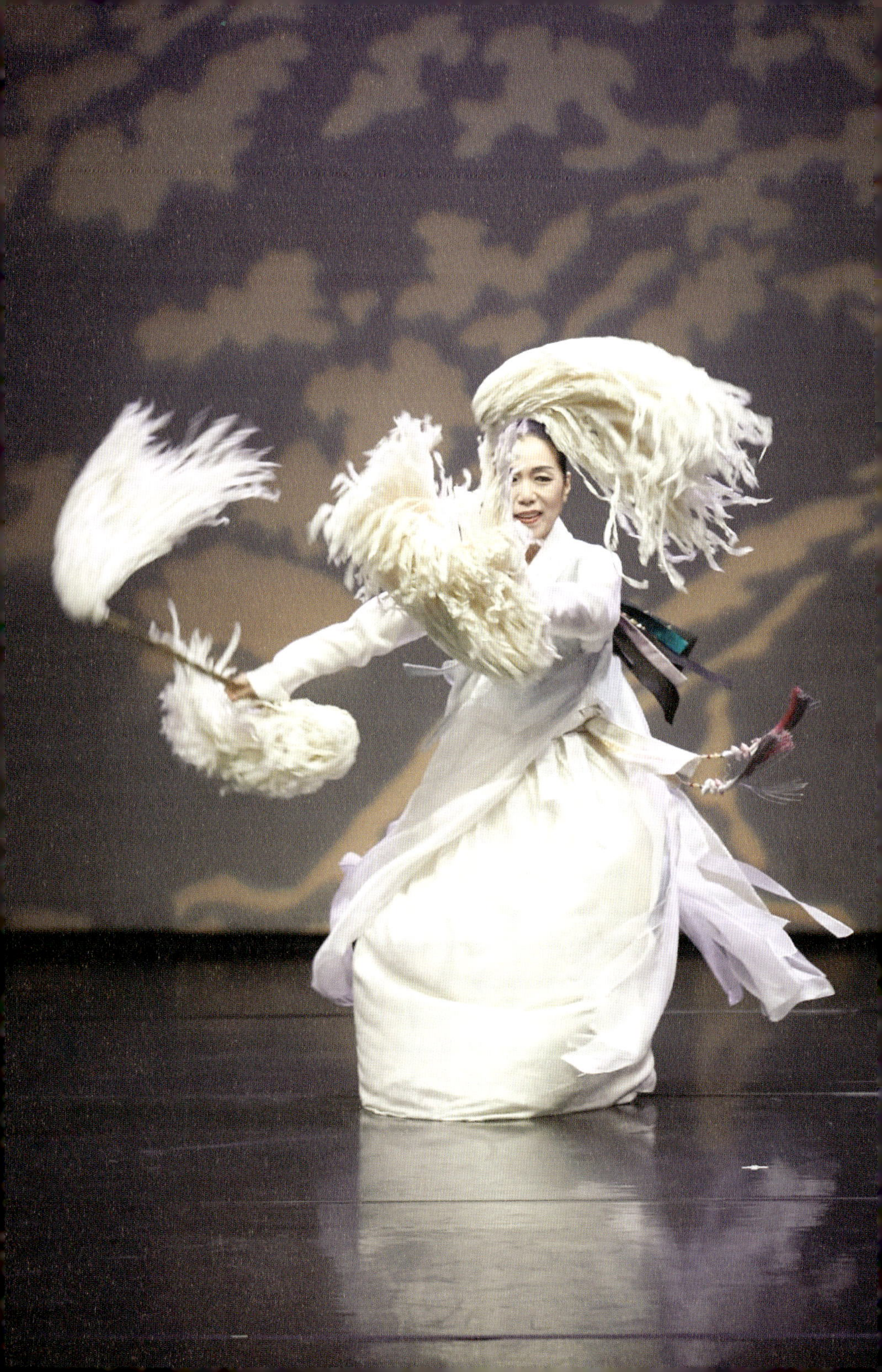

'엇중몰이신칼대신무' 이 긴 이름의 춤을 좀 줄이자고 간청드린 적이 있다. 선생께선 단호하셨다. 아무런 설명도 없으셨다. 필자는 이 춤을 들고 어디 안 간 데가 없을 정도로 많이 춘 춤이다. 숱한 춤의 반복을 통해 내가 깨달은 것은 이 춤의 어느 부분에도 엇중몰이 장단이 쓰이지 않는다는 사실이다. 그런데도 마음에는 엇중몰이 장단을 떠올리면서 춤을 추게 되는 것은 순전히 이름 때문이라는 생각이다. 덕분에 놀랍게도 춤사위는 실제 장단과 상상의 장단 사이를 벌리고 엇박의 춤을 추게 만든다는 것이다.

살다보니

나는 이동안 스승을 재인칭 춤이 뛴 삶이라 규정한다. 스승으로부터 일상의 언어를 들어본 적이 없기 때문이다. 행동과 언어, 모두가 춤의 언어였고 그 언어들은 위트와 해학의 옷을 입고 상대를 귀 기울이게 만들었다. 덕분에 누구나 편안하게 춤의 세계로 인도되었다 할까? 하여간 묘한 능력이었다. 문득 스승께선 어찌 사셨을까? 아니, 춤꾼이 아닌 평범한 삶의 이야기는 어찌 아니 하셨을까?

영면 이후에 춤끼를 쏙 뺀, 일상의 언어가 비교적 많다고 생각한 에피소드를 찾아놓고 보니 결국은 춤으로 이어지는 가교였다. 이 장에서는 스승을 바라본 나의 시선과 나를 바라본 스승의 시선을 보여드리고자 한다.

마지막 여인

남사당패를 따라 가출을 감행한 아들을 찾아내 집으로 데려온 아비는 강제로 혼인을 치르게 했다. 그마저도 뿌리치고 신방을 꾸린지 나흘 만에 야반도주해버린 아들! 그때 그 아내는 어찌 되었을까? 슬하에 자식 하나 만들 시간이 없었던 아내는 고작 나흘의 남편을 기다리고 있었다 한다. "1924년이었을 거야. 아마!" 우연히 아내를 만난 선생은 그제야 남편이 되어 아내로 맞은 것이다.

역마살은 불치병이다. 고칠 수 없었던 선생은 고작 3년을 붙어살다가 까맣게 잊었던 아내의 소식을 동족상잔의 전쟁통 속에서 포격으로 사망했다는 기별로 듣게 된다. "참 미안했지. 고향을 지키면서 농사짓고 살려고 했지. 마누라랑 아들딸 낳고 살기로 했거든. 그런데 안 되더라구. 늘 답답하고 어디론가 떠나가고 싶었거든. 그게 내 피였어. 그러니 어쩌겠어. 떠나야지." 춤꾼의 언어가 아닌 평범하고자 했던 평범한 한 사내의 처음이자 마지막 한탄과 회한의 목소리였다.

사실, 선생은 외모로 여성의 마음을 훔치기에는 너무나 평범했다. 그런데 무대의 선생은 달라도 너무 달랐다. 춤을 추는 이동안이라는 사내는 멋이 줄줄 흘러넘쳤다. 한 번 이 멋에 매료된 여성들은 선생이 무대 아래로 내려와도 매력덩어리로 생각하였다. 게다가 막 마친 춤 이야기를 펼치다 보면 반짝이는 위트와 신념에 꽉 찬 광대의 모습에는 카리스마까지 번뜩였으니 눈에 씐 콩깍지가 벗겨질 겨를이 없었다 한다.

광무대를 비롯 원각사, 문락정을 돌며 인기가 치솟고 있던 시절, 장안의 기생들이 다투어 모시려 했던 선망 내지는 정복의 대상이었다고 한다. 한 기생에 기회가 온 모양이었다. 무슨 사내가 온갖 아양과 구애에도 눈길도 주지 않더라는 얘기. 그래서 이런 원망의 에피소드가 웃음과 함께 장안을 돌아다녔다. '그렇게 따로 보자 매달려도 대꾸조차 안 하더라. 잔뜩 멋만 든 주제에!'

그런 어느 날, "내 팔자에 무슨!" 했던 여생을 함께 하게 되는 배필이 선생의 교습소로 찾아오게 된다. 당시 그 배필은 50대였고 선생은 칠십을 막 넘어서고 있었는데, 장구를 배우러 왔다는 여인에게 선생은 다짜고짜 무용실 한가운데 서보라 하고는 장구채를 잡았다. 팔을 들어보라 하더니 '딱'하고 한 장단을 치더란다. 이어 이르기를, "춤이 다 되어버렸다." 이게 처음이자 마지막 춤 공부였다 한다. 그날 이후로 자신도 모르게 자꾸만 교습소를 찾게 되더란다.

이분이 선생의 마지막 날까지 함께 동행한 안남국 여사다. 강원도 양반가 출신으로 단아한 품격이 몸에 배어 있었다. 정갈한 바느질 솜씨, 깔끔하고 맛깔스런 요리 솜씨로 선생을 모셨다. 선생께서 기어코 눈을 감아 염을 행하는데 얼굴이 어쩌면 그렇게 맑고 깨끗한지 마치 어린아이 같아서 그윽이 바라보는데 미소를 지으시더란다.

　여사는 선생께서 떠나신 이후에도 수원의 우거를 지키셨다. 어찌 사시는지 명절을 찾아 좋은 먹거리라도 들고 찾아뵈면 이동안 선생이 살아오신 것 같다고 기뻐하시는데 여사께선 선생의 흔적들을 꼼꼼이 정리하고 계셨던 모양이다. 장구를 배우면서 본인의 소유로 지녔던 장구채도 챙기고 선생의 유품을 하나라도 내게 건네주려고 그 깊은 다락방을 뒤지곤 하셨다. 궁핍한 생활에도 들고 간 것보다 들려주는 것이 더 많았던 여사님과의 교류는 그렇게 20년을 더 이어갔다.

　여사께서 마실 차 다니시던 노인정의 공연을 위해 논의도 할 겸, 전화를 드렸더니 받지를 않으신다. 바쁘시겠거니 한참을 기다려도 전화가 없다. 이런 일이 없었는데 불길한 생각이 들었다. 서둘러 찾았더니 전날 돌아가셨다는 거다. 우리 회원과 함께 장례식장을 찾았다. 유가족 모두가 바깥까지 나와 정중히 예를 표하는데 여사께선 내 이야기를 함께 공유하고 계셨던 모양이다.

　선생께선 교습소를 찾아온 여사님을 어찌 한눈에 알아보았을까? 곁에 여사가 계셔 모시지 않았다면, 내가 선생의 마지막 제자로 재인청 춤 전승의 사명을 맡을 수 있었을까? 지금쯤 선생께선 이승에서의 마지막 여인을 저승의 첫 여인으로 만나 여사의 어깨를 토닥이고 계시리라.

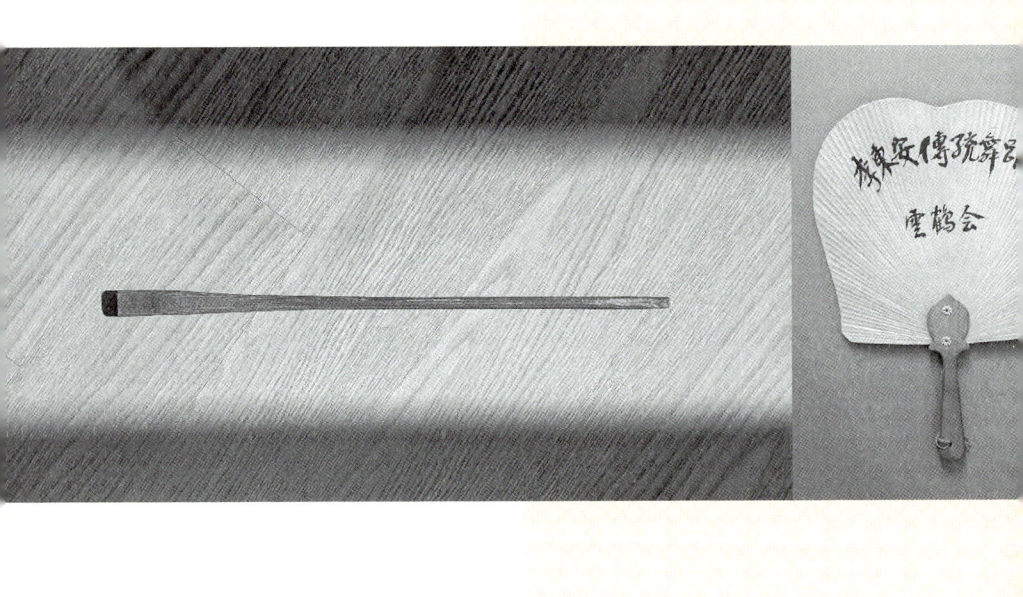
雲鶴会

흔히 자유로운 삶이라고는 하지만 스스로의 고백에 따르면 선생이 생애는 전형적인 부초의 삶이었다. 비록 길지는 않았으나 이런 삶을 멈추게 한 것은 선생의 춤을 사랑한 팬덤과 한 여인의 지고지순한 헌신이 있었던 까닭이다. 운학회(운학 이동안 선생의 춤을 이어가는 단체)가 전적으로 선생의 춤에 집중했다면 수원에 정착하여 여생을 마감하게 한 힘은 안남국 여사의 지극한 인간애였다. 장단과 춤을 배우기 위해 찾았던 연구소에서 그녀가 만난 것은 사람이었다. 찾아가자마자 "팔 한 번 들어보라"더니 "춤이 다 되었다"고 가르치지 않으셨던 것은 자신의 여생을 맡길 운명의 배우자였음을 직감하셨던 것은 아닐까? 선생의 영면 후에도 필자의 공연에 빠지지 않고 찾으셨던 안 여사의 장구채가 내 손에 있는 것은 또 왜일까?

지팡이가 된 춤꾼

안남국 여사로부터 한 번 들르라는 전화를 받았다. 찾아뵈니 지팡이 하나를 내어놓으신다. 선생의 지팡이였다. 그동안 내게 필요할 것 같은 선생의 유품들을 찾아 챙겨놓았는데, 유족들이 여러 차례 찾아와 다 가져갔다고. 요행히도 이게 남아서 꼭 전하고 싶었다고. 다음 말씀이 지팡이를 살아 움직이게 하셨다. "선생께서도 힘드셨는데 우리 정 선생도 하시면서, 힘들 때 지팡이로 쓰라."

나는 그렇게 지팡이가 되신 스승을 모시고 왔다. 동행했던 운정 선생이 하나의 상징이니 기념으로 사진을 찍자 한다. 마침 눈 쌓인 무용실 앞에서 눈에 꽂은 지팡이와 사진을 찍었다. 그러곤 무용실 한켠에 세워두었는데, 문득 불쑥 무용실을 찾으셨던 선생의 모습이 떠올랐다. 입원한 병원을 몰래 빠져나오신 것이었다.

한여름인데 흰 양복 정장에 흰 구두, 하얀 중절모를 쓰고 문 안으로 먼저 들어오는 지팡이가 또렷이 떠 오른다. 작은 체구에도 단단한 자세다. 반듯한 걸음걸이가 자세를 더욱 당당하게 만든다. 저 노구에도 이렇게 당당한 것은 최고의 줄광대로도 산 뛰어난 균형 감각이 몸에 밴 덕택일 것이다. 그래, 이 지팡이가 그날의 방문을 잊지 않고 다시 온 것이구나.

　　나는 이 지팡이를 출연시키기 위해 엇중몰이신칼대신무에 인트로 춤인 상주춤을 만들었다. 이후부터 이 상주춤에는 반드시 이 지팡이가 출연한다. 그리고 2019년에 올린 재인청춤판은 김인호, 이동안, 그리고 나로 이어지는 재인청 춤 승계의 연결고리로 더 큰 역할을 맡겼다. 비록 하나의 상징이지만 우리 회원들은 어느덧 우리 공연을 지탱하는 힘이 되고 있다고 여긴다. 부수적으로 이 지팡이가 재인청 이야기를 꽃피우는 매개체 역할까지 하고 있으니 참으로 고마운 일이다.

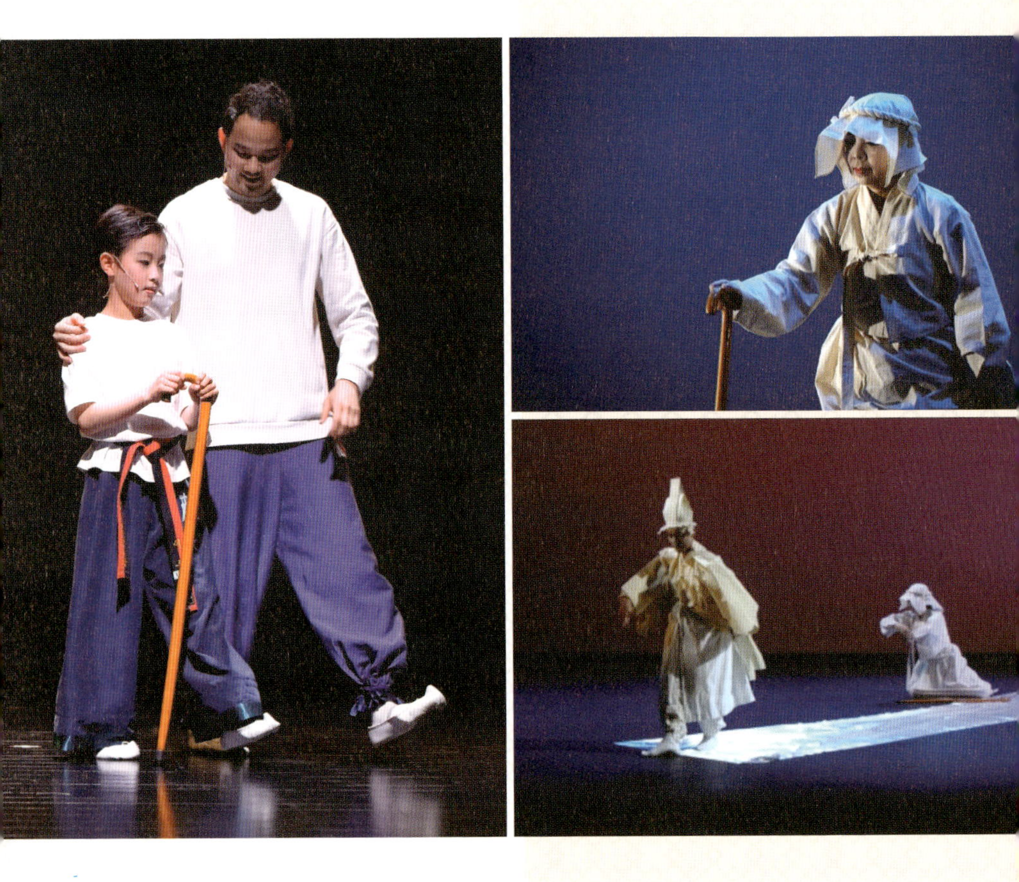

선생께서 작고하시고 3년인가 지났을 겨울, 하루는 눈이 펑펑 쏟아지는데 미망인이 되신 사모께서 전화를 주셨다. 그간 갖고 있던 선생의 유품들을 이리저리 다 뺏기다가 보니 이거 하나 남았는데, 이것만은 정주미가 주인이라며 고이 내어주신 것이 선생의 지팡이였다. 지팡이를 받아들고 보니 선생께서 내 연구소를 불쑥 찾아오셨던 장면이 떠오르는 것이 아닌가. 흰 양복에 흰 중절모로도 모자라 백구두로 치장하고 눈부시게 오셨던 선생께선 예의 이 지팡이를 짚고 문 앞에 서 계셨다. 지팡이만이 흰색이 아니어서 오히려 두드러졌던 지팡이. 선생께선 그날, 고작 초등학교 3학년이었던 어린 춤꾼 정인호의 머리를 살뜰히 쓰다듬어주고 가셨던 기억! 그 어린 춤꾼이 무용을 전공으로 서울대를 졸업하고 석사과정까지 거치더니 전통예술의 행정 전문가로 활동 중이다. 나는 이 지팡이가 예사롭지 않다는 생각을 했다. 선생의 지팡이는 무대의 소품으로, 재인청춤의 가교로서 그 역할을 톡톡히 하고 있다.

눈물이 눈물을

노환으로 입원해 계신 나날이 길어지면서 병문안을 나의 일정으로 삼기로 했다. 늘 밝은 표정으로 맞으시는데 예의 위트는 점점 발전하는 것 같았다. 여사의 수발과 배려는 조용하면서도 참으로 꼼꼼했다. 어느덧 나도 모르게 병문안이 오히려 나를 위한 위안의 시간이기도 한다는걸 알았다. 하루는 여사께서 나를 붙잡고 성화를 바치신다. 선생님께서 남몰래 컵라면을 드시다가 들켰는데 휠체어를 타고서도 얼마나 빨리 도망가는지 병원에 한바탕 소동이 났다 하신다. 그날 이후로 간호사들이 환자 휠체어 달리기대회를 열어야겠다 했다면서 그러면 우리 할아버지가 무조건 1등이라고, 쾌활하게 웃으신다. 이제 여사께서도 위트가 넘치는 분이 되었다고 속으로 웃었다.

곧 퇴원한다는 소식에 문안을 드리러 갔더니 선생께선 가만히 누워 계셨다. 그런데 분위기가 착 가라앉은게 느낌이 좋지 않았다. 첫 말씀이 "왔는가"가 아닌 "춤은 잘 추고 있는가?"였다. 그러고는 가만히 나를 바라만 보시던 그 눈길, 이상했다. "어서 일어나셔서 장구채 잡으시고, 야단도 치셔야지요." 대답 없는 선생의 손을 가만히 잡아드리고 나왔다.

급격하게 병세가 악화되었다는 소식을 듣고 찾아간 병실에서 여사께서 일러주시길, 그날 병실 밖으로 나가는 나를 선생께선 끝까지 바라보시며 조용히 눈물만 흘리시더란다. 그러시더니 갑자기 나빠지셨다는 것이다. 나는 그렇게 선생과의 이별을 받아들여야 했다. 선생과 함께했던 많은 장면들이 줄지어 떠오르다 사라진다.

병원에 입원하신 선생이 몰래 빠져나와 제자의 무용실을 찾았던 기억, 재인청 악사들을 모아 태평무 장단을 녹음하던 일, 양금 소리처럼 예쁜 아이라 하여 어눌한 발음이 양을 앙으로 만들어 앙금채라 나를 부르시던 목소리, 태평무에 대한 내 책임은 이제 끝났다. 이제부터 네가 이으라고 이수증 문안을 일러주시던 결의에 넘치던 표정이 눈물이 되어 흘렀다.

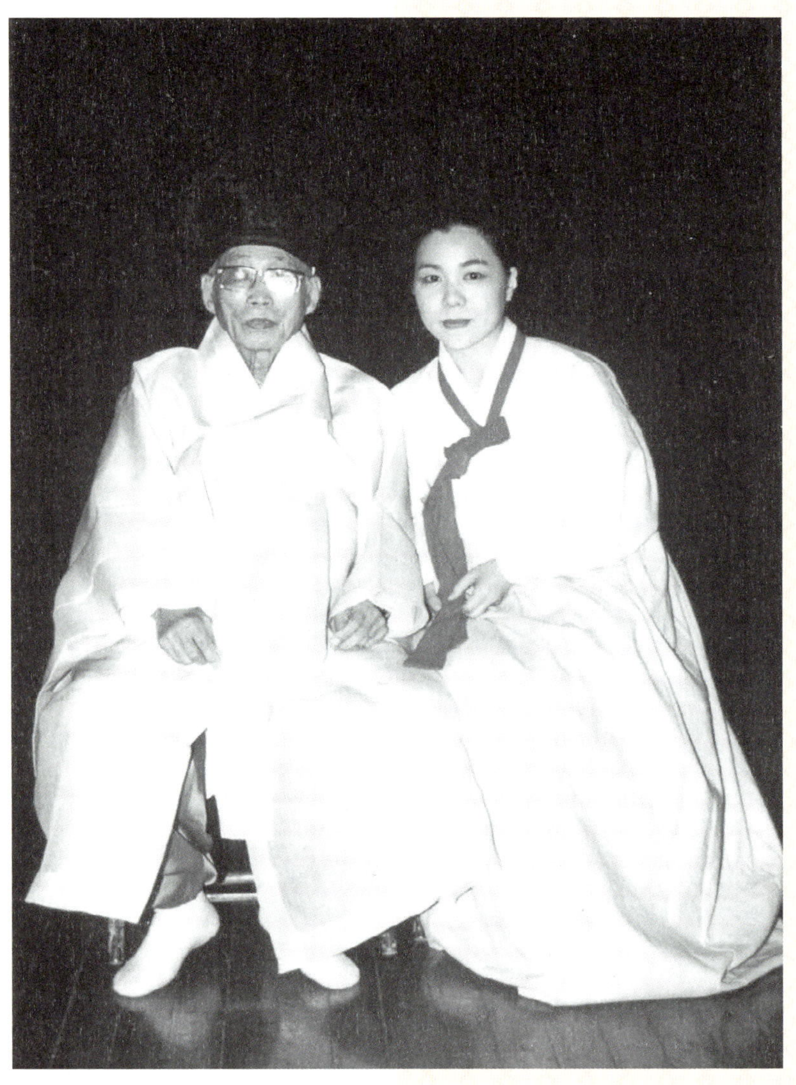

선생에게도 노환은 막을 수 없는 가시나무였다. 입원하신 병실을 찾았을 때, 선생께선 "춤은 잘 추고 있는가?" 하시더니 가만히 쳐다보기만 하셨다. 이윽고 부음을 받고 장례식장을 찾았을 때, 안남국 여사님은 조용히 일러주셨다. "그 날, 자네가 나가는 등을 바라보며 하염없이 우시더라고!"

무대라는 무덤

선생의 노후는 무대와 병원을 오가는 쳇바퀴의 연속이었다. 마지막 입원이었던 수원의 병실을 찾았더니 선생께서 야심차게 준비하시던 다음 해 공연에 쓸 엇중몰이신칼대신무 신칼의 너슬을 접고 계셨다. 이번에 퇴원하면 그동안 한 번도 보여주지 않았던 엇중몰이신칼대신무를 더 새롭게 더 멋지게 추겠다고 벼렀던 말씀을 기어코 하셨다.

그즈음 선생의 병세는 점점 나빠지고 있던 터라 너슬을 접는 일마저 여사의 걱정을 사고 있었다. "그 몸으로 무대에 섰다간 죽어요." 하는데 여사의 말씀을 곧바로 받아 "그럼 좋지. 나는 무대에서 죽고 싶다." 하신다. 나는 더는 무대에 서지 못 하고 마치 전의를 다지듯 새롭게 추겠노라 하셨던 엇중몰이신칼대신무를 추지 못하신 선생을 아직도 서러워한다.

그런데 왜 예인들은 너나없이 무대에서 생을 마칠 수 있기를 소망하는가? 이 소망은 막연한 소망이 아니다. 부디 그리 이루어지기를 절절히 바라는 절대적인 외침이다. 나는 선생을 통해 똑똑히 알았다. 선생의 삶 속에는 재인청 춤이 아닌 그 어떤 삶의 여정도 자신의 삶으로 여기지 않으셨다. 말과 생각과 시간이 오롯이 재인청 춤에만 바쳐진 삶, 오로지 재인청 춤을 제대로 추기만을 원했던 여정만이 자신의 삶이었다. 그렇게 문전성시를 이루었던 문하생들이 지정 문화재가 아니라고 자신의 곁을 떠나기만 할 때도, 심지어 역마살이 팔자라시던 선생께서 여사를 맞이하고 정착 생활을 감행했던 것도 자신이 이룬 재인청 예맥의 성취를 이어받을 수 있는 제자를 기다리고 기르기 위한 선택이었던 것이다.

재인청 춤을 통해 자신의 존재 가치를 알게 되고 드러내면서 선생은 자신의 일생을 무대 위에 바쳤고 자신의 유업을 이어받을 제자를 찾아 혼신을 기울였던 분이다. 천 년의 세월을 넘어 돌고돌아 자신을 찾아온 재인청 예맥을 받아들이고 다시 순환시키는 의무가 전부였던 삶. 덕분에 선생께선 재인청 춤의 명인이었고 재인청 예혼의 역사를 짊어지고서 그 무거운 책임에 시달려야 했던 고단한 삶의 주인공이기도 했다.

나 역시 선생과 같은 책임에서 절대 벗어날 수 없는 사람이다. 그 책임을 잊지 않기 위해서 나는 이런 독백을 하곤 한다. '이동안은 재인청 춤의 귀거래사였다. 이번에는 내 차례다'.

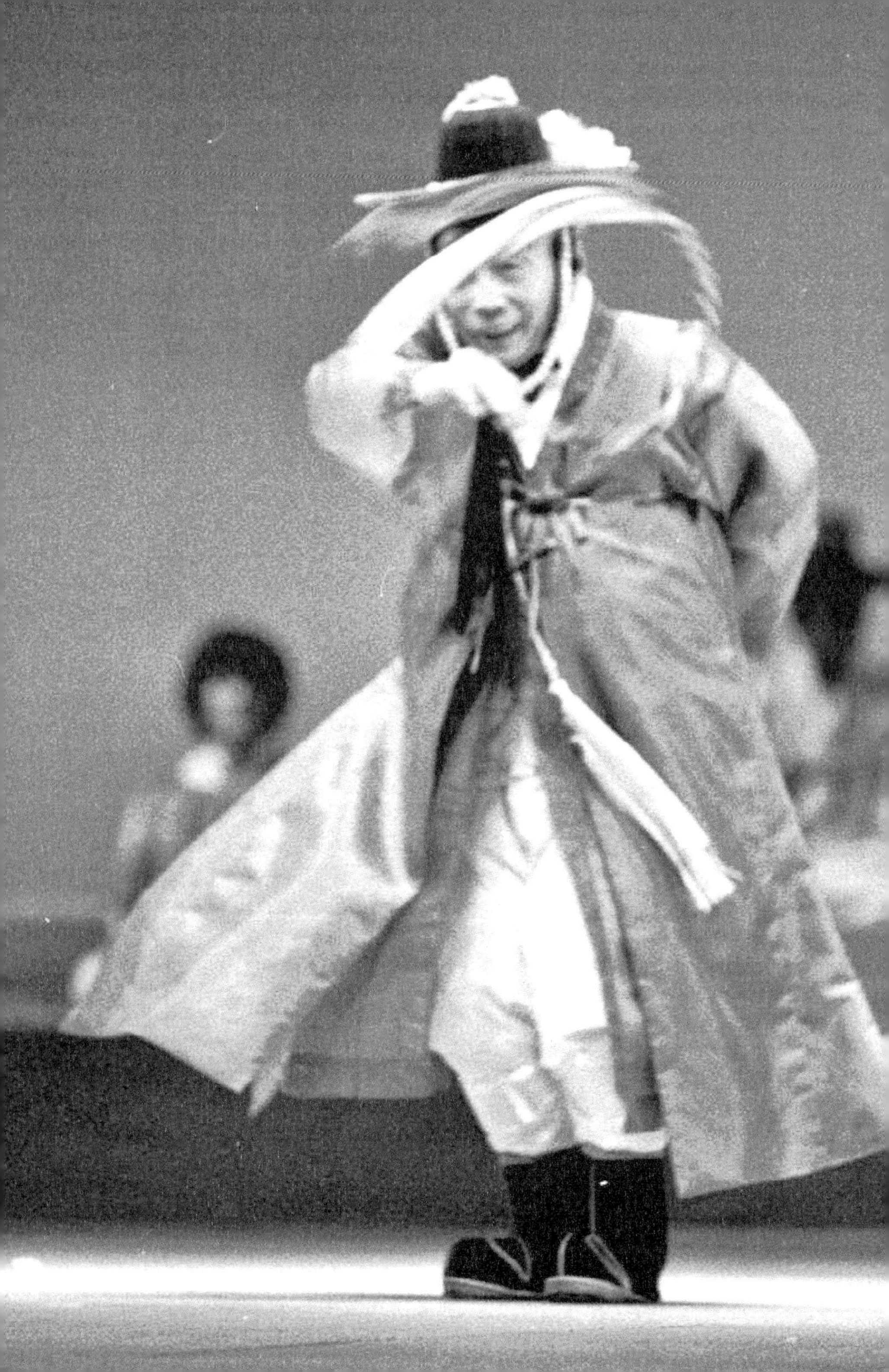

이 땅의 모든 우리 춤꾼들은 무대에 설 기운만 있다면 그 누구도 은퇴를 생각하지 않는다. 오히려 무대에서 춤을 추다 죽기를 바란다. 바꾸어 말하면 무대에 서지 못하는 상황 자체를 생각조차 하지 않는다. 마지막 순간까지 춤꾼으로 살아야 하는 당위성을 지니고 산다. 이동안 선생 또한 '나는 무대에서 죽고 싶다'는 말씀을 달고 사셨다. 이 한 장의 사진을 보라. 진쇠춤을 추고 있는 이 사진 속의 공연에서 선생의 연세는 팔순을 앞두고 계셨다. 그럼에도 두 발을 모두 모으고 오금을 한껏 구부린 팽팽한 긴장이 보이시는가. 그러면서도 오색의 꽹과리채를 휘돌리며 만면에 띄우는 저 미소를 보았다면, 어찌 저 경지와 객석이 완벽하게 소통하는 공감의 엑스터시를 포기할 수 있단 말인가. 춤꾼이라면 마땅히 무대에서 죽기를 소망해야 하지 않겠는가!

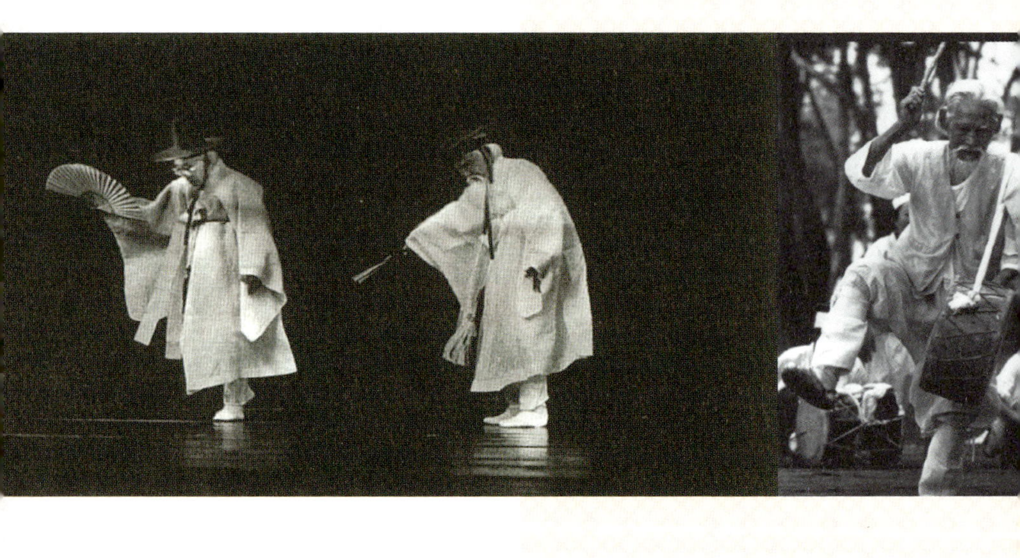

이동안 신생과 밀양북춤의 하보경 명인과는 갑장으로 오랫동안 춤길을 함께 걸으신 춤벗이었다. 두 분께서 함께하신 이 공연의 무대에 오르신 두 분의 춘추가 구순을 앞둔 시기였다. 당시 하보경 선생은 분장실에서 일어서지를 못해 아드님이 안고 무대에 올랐는데 춤의 모든 순서를 끝까지 추셨다. 한 번은 남도의 강송대 명창께서 우리 무대에서 구음을 하시기로 하고 오셨으나 여러군데 임플란트 시술을 하시는 바람에 붓기에다 멍이 들어 소리가 될지 모르겠다고 스스로 걱정이 태산이셨다. 무대를 마치고 분장실에 돌아와서 하시는 말씀이 "안 될 줄 알았는데 하니 되데." 무대에서 죽겠다는 말씀들은 오히려 사실 무대에 서면 기운이 나서 살만하다는 역설일 듯 싶다.

춤이 된 인생

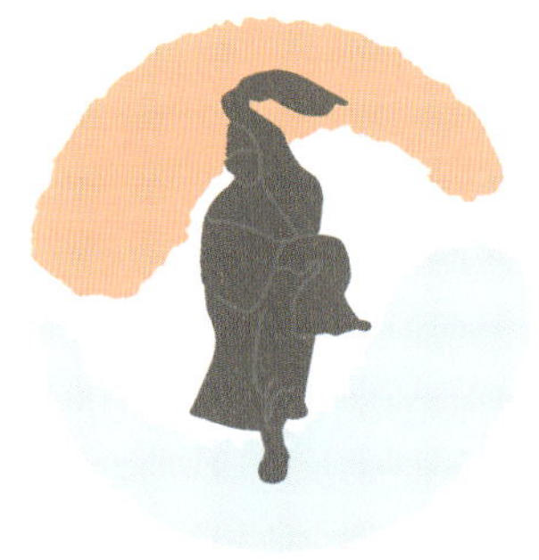

돌이켜보니 스승 이동안은 해법도 셈법도 없는 생활고에도 태도만큼은 한결같았다고 말해야 맞다. 그는 풍류를 아는 광대였고 일상에 휘둘리기에는 자존심이 강했기 때문이다. 그렇다고 꼬장꼬장함과는 거리가 멀었다. 사고의 유연성은 모든 것을 초탈한 사람보다 더 부드러웠다. 그럼에도 재인청 춤의 수호자로서의 사명감은 큰 산과도 같았다. 태도가 그 사람의 진정한 됨됨이라는 표현은 스승에게도 딱 들어맞는 명제였던 것이다. 이번 장에서는 춤꾼으로 살아온 이동안의 생활 스타일과 신념, 그리고 운명이 된 질곡을 들려드리고자 한다.

천상 광대

어느 날, 열두 살의 이동안 앞에 나타난 남사당패는 그 많은 패들 중에서도 하필이면 가장 크게 유명세를 떨쳤던 정화춘이 모가비로 있는 남사당패였다. 나도 몰래 연희에 홀려 따라나선 것이 어언 3년, 패거리의 스승 임종성에게 줄타기와 땅재주를 배워 새미舞童 노릇을 하며 조선팔도를 돌다가 그날은 황해도의 한 놀이판이다. 줄 위에 올랐는데 저쪽의 한 아비가 탄식을 내뱉는다.

"피는 못 속인다더니 어쩌랴. 타고난 팔자, 너는 천상 광대로구나!"

이 탄식이 가득한 목소리의 주인공은 이동안의 아버지 이재학이다. 집을 나간 자식을 찾아 수소문 끝에 간신히 만난 아들은 줄을 타고 있었고, 아비는 아들의 손을 잡고 과천 땅 언저리 찬우물이라는 곳을 찾아간다. 찬우물은 줄타기 재주꾼들이 모여 사는 마을의 이름이다.

이동안 선생은 이 찬우물에서 줄타기 명인인 김관보 선생으로부터 본격적으로 줄타기를 배운다. 이를 시작으로 당대 최고의 춤꾼이었던 김인호 선생에게 무려 10년에 걸쳐 본격적인 춤 수업을 받게 된다. 이즈음 수업 중이던 어느 날, 광무대 최고의 흥행사였던 박승필의 눈에 띄어 을지로 5가에 있던 국극전용극장인 광무대光武臺에 출연하게 된다.

이 출연을 시작으로 원각사圓覺社, 문락정 등의 극장에 출연하면서 재인청의 장단은 물론, 발탈의 명인 박춘재(朴春在, 예명 朴八封), 남도 잡가의 소리꾼 조진영趙鎭英, 태평소의 명인 방태진方泰鎭, 대금·피리·해금의 명인 장점보張点寶 등 당대 명인들에게 전수받은 것은 그야말로 가무악 전반에 걸쳐 우리 전통예술의 정수였다.

선생의 이러한 전수의 여정은 과거 그 광범하고도 엄격했던 재인청의 교육과정을 이수한 것과 같은 자격을 부여받은 것으로 보인다. 이로 인해 재인청 조직의 수장에게 부여되는 도대방都大房이라는 명예의 호칭에 '마지막'을 붙여 이동안 선생에게 마지막 도대방이라 일컬은 것도 일견 타당했던 셈이 된다. 선생께선 생전에 '마지막 광대'와 함께 '마지막 도대방'이란 이 수식을 좋아하셨으니 말이다.

돌이켜보건대 멀리 저 신라로부터 일어선 광대의 여정은 비록 시대가 야기시킨 각종 천대와 멸시의 역사 속에서도 꿋꿋이 살아남았을 뿐만 아니라 전통예술과 예맥의 전승이라는 과업을 수행한 유일한 예인집단이 재인청이었다. 더불어 이동안이라는 천상 광대가 생애 전부를 바쳐 거기 서 있었다는 사실만큼은 꼭 기억해 주시기를 바란다.

그리고 덧붙여서 사진 한 장을 소개한다. 이 사진을 발견한 것은 이 책의 원고가 출판사로 넘어가 교정본이 나오기 직전이었다. 태평무 관

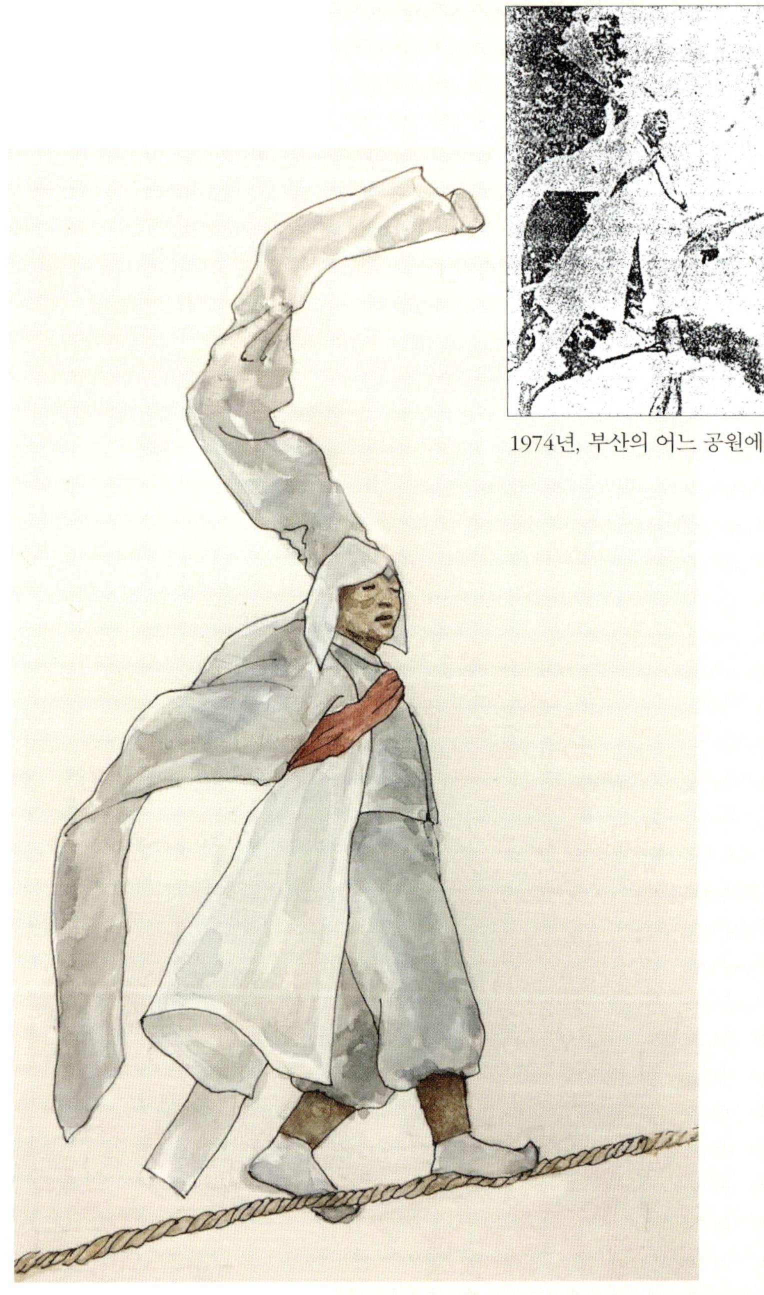

1974년, 부산의 어느 공원에서

줄 위의 승무

련 자료를 정리하던 중, 스승의 마지막 여인이셨던 안남국 사모님이 나에게 유물로 건네주셨던 뭉치 속에서 발견한 것이다. 정체불명의 잡지에서 오려낸 이 사진에다 굳이 제목을 붙이자면 '줄 위의 승무'라 할 것이다. 다만 아쉬운 것은 해상도가 너무 낮아 안타까워하던 중에 애제자 박소은 양이 간결한 소묘로 선명성을 살려낸 것이다.

　박소은 양은 초등학교 저학년부터 내게 춤을 배운 아주 성실한 친구였다. 무용과 진학을 목표로 정진하다가 갑자기 미술 전공으로 진로를 급선회하여 내 마음을 안타깝게 만든 친구다. 서울대 미대에 합격하고서는 인사차 찾아와서 이르기를 그림을 통해서라도 우리 춤을 잊지 않겠다는 다짐을 했더랬다. 기특하게도 그 약속을 이번에 지킨 것이다.

　다음의 사진은 1970년대 초반, 부산의 어느 공원에서 연희되는 장면으로 추정된다. 도무지 가능하지 않을 것 같은 줄타기 재주와 승무가 동시에 연희되는 현장이라니! 생전의 선생께서는 이런 그림과 같은 연희를 자랑하시곤 했다. 내가 이 사진에 애착을 갖는 것은 전통의 재인청 광대들은 가무백희를 익히고 연희한 만능 엔터테이너였다는 증좌이기 때문이다.

이 사진을 찍은 분은 사진작가로 큰 족적을 남기신 고 정범태 기자이다. 그의 사진으로 인해 4 · 19 학생혁명이 촉발되었고, 서울역 압사 사건을 비롯해 세간의 이목을 집중시켰던 보도사진들이 셀 수 없이 많다. 그런데 우리 전통예인들의 사진들이 그의 손에서 수없이 포착되고 역사적 기록이 되었다는 사실을 아는 일반인들은 그리 많지 않다. 이 사진 속의 주인공은 필자의 스승 이동안 춤꾼이시다. 춤은 재인청 태평무로 이 춤은 재인청 예인 집단이 빚어낸 최상의 춤이다. 수많은 재인 예인들이 추었고 추었을 태평무가 다다를 수 있는 최상의 순간을 포착해낸 사진을 나는 본 적이 없다. 왜 최상의 순간인가 묻지 마시라. 이 사진을 보여드리는 것 외에는 설명할 방법이 내게는 없다. 이 장면이야말로 이동안 선생이 천상 춤꾼임을 증명하기 때문이다.

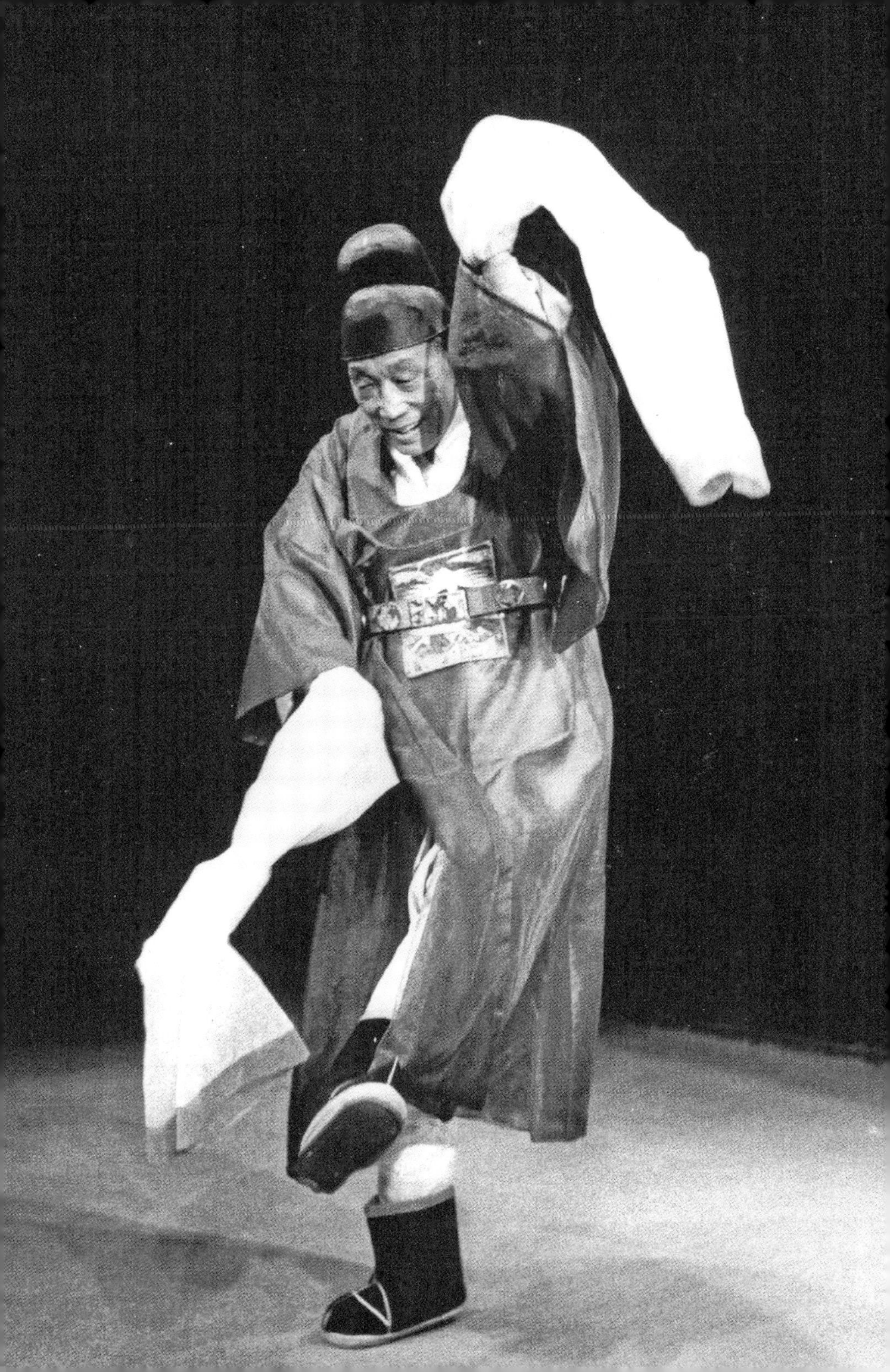

질곡의 시기

'한국의 명무' 저자이신 고 정범태 선생의 전언에 의하면 한국전쟁 직후 선생의 삶은 처참한 것이었다 한다. 수소문 끝에 대전에서 선생을 발견한–'발견'이라 하셨–다. 그만큼 힘들게 찾았으니 마침 주류언론의 기자였던 정 선생은 이를 기사화했고, 이를 본 고 심우성 민속학자의 주선으로 온양에 거처를 마련하고 건강 회복에 힘을 기울였다 한다. 어찌 아사 직전까지 이르도록 아무에게도 도움을 청하지 않으셨을까?

사실, 선생의 화양연화는 딱 두 시기에 불과했다. 광무대 시절, 그리고 광복 직후 한국전쟁 발발 이전까지였다. 재인청 바지춤의 전통을 이은 유일한 광대였으며 최고의 춤꾼이었음에도 신무용의 바람과 여무만이 흥행이 되는 시대의 트렌드 변화를 이길 수는 없었다. 광복 직후 반짝 인기도 한국전쟁으로 묻히고, 이후 등장한 군사정권의 정책적 억압과 질시의 대상으로만 취급하는 사회적 분위기를 바꿀 수단은 아예 존재하지 않았다.

내가 선생의 문하생으로 교습소를 드나들던 시기도 사실은 곤궁하기 그지없었다. 발탈이 무형문화재로 지정되어 보유자에게 지급되는 약간의 보조금이 전부였던 생활. 보유자로서 매년 의무적으로 올려야 했던 공연비를 충당하기에도 힘들었던 선생의 삶. 어쩌다 심사위원으로 갈라치면 좋은 평을 기대하는 뒷돈은 무섭게 물리치고, 아닌 것은 아니라 하고, 알아듣지 못하는 "춤집 좋다"가 전부인 심사평이라니! 월사금을 싸들고 찾아가도 알아듣게 가르치기를 하나, 배워봤자 전수증도 이수증도 받을 수 없으니 써먹을 데 없어도 왠지 춤이 좋아서 찾아갔더니 툭하면 가차 없는 야단만 치시니! 오래 붙어 있을 리가 만무했다.

그리고 선생께선 무슨 생각이었는지 나의 사사를 허락하신 이후로는 어떤 교습생도 받지를 않으셨다. 그러니 가욋돈이라 해봤자 내가 지불하는 작품비와 교습비가 전부일 터. 알고 보니 선생께선 그 수입을 보태 재인청 정기 춤판을 더 키운 것이다. 태평무를 무려 일 년씩이나 질질 끈 것도 모자라 장단을 배우라니! 나는 선생의 의중을 전혀 헤아리지 못하고 이만한 교습비를 '하필, 왜, 내게 요구하는지 어디 한 번 봅시다' 했던 오기로 시작했던 내가 아직도 부끄럽다. 광대란 지고지순의 경지에 이른 예인의 이름인 것을. 그 경지가 자존심인 것을. 어찌 얄팍한 오기를 부렸단 말인가!

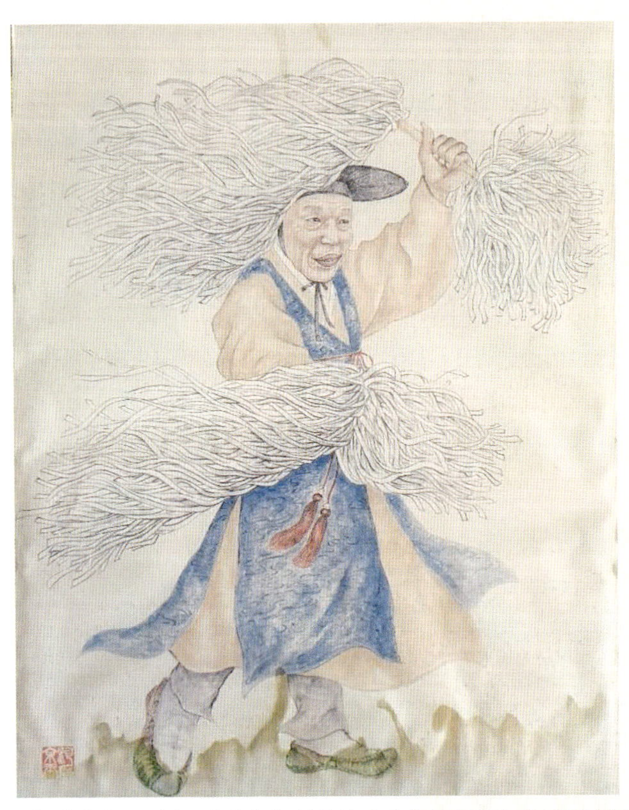

이 빛바랜 그림은 선생께서 엇중몰이신칼대신무를 추시던 장면을 캐리커처한 것이다. 항일시대와 한국전쟁, 전통은 케케묵은 고리짝 취급을 받아야 했던 군사독재 시절을 거친 동안에 선생께서 겪어야 했던 고통은 이루 말할 수 없는, 아사지경까지 내몰렸던 그야말로 질곡의 시기. 선생께선 어찌 견디고 벗어나셨을까? 선생께선 그 질곡의 시기에도 진도를 방문하신 모양이다. 거기서 만난 진도씻김굿에서 이 춤의 모티브를 따왔다는 선생의 고백이 있었다 하고 피폐했던 대전에서의 생활에서 구출되어 서울로 이거했을 즈음 이 춤을 발표한 것으로 보아 질곡의 시기 내내 이 춤을 창안하고 다듬었을 것으로 추정된다. 춤의 전개 구조는 이렇다. 영면에 드신 아버지를 그의 딸이 저승으로 안전하게 인도한다는 줄거리다. 핵심 키워드로 요약하면 한과 해원의 과정을 거쳐 신명으로 나아가는 우리 일반의 구조를 고스란히 간직하고 있는 춤이다. 선생께선 자신이 감내해야 했던 질곡의 시간을 이 춤을 갈고 닦으면서 극복해내는 힘을 얻었던 것은 아닐까?

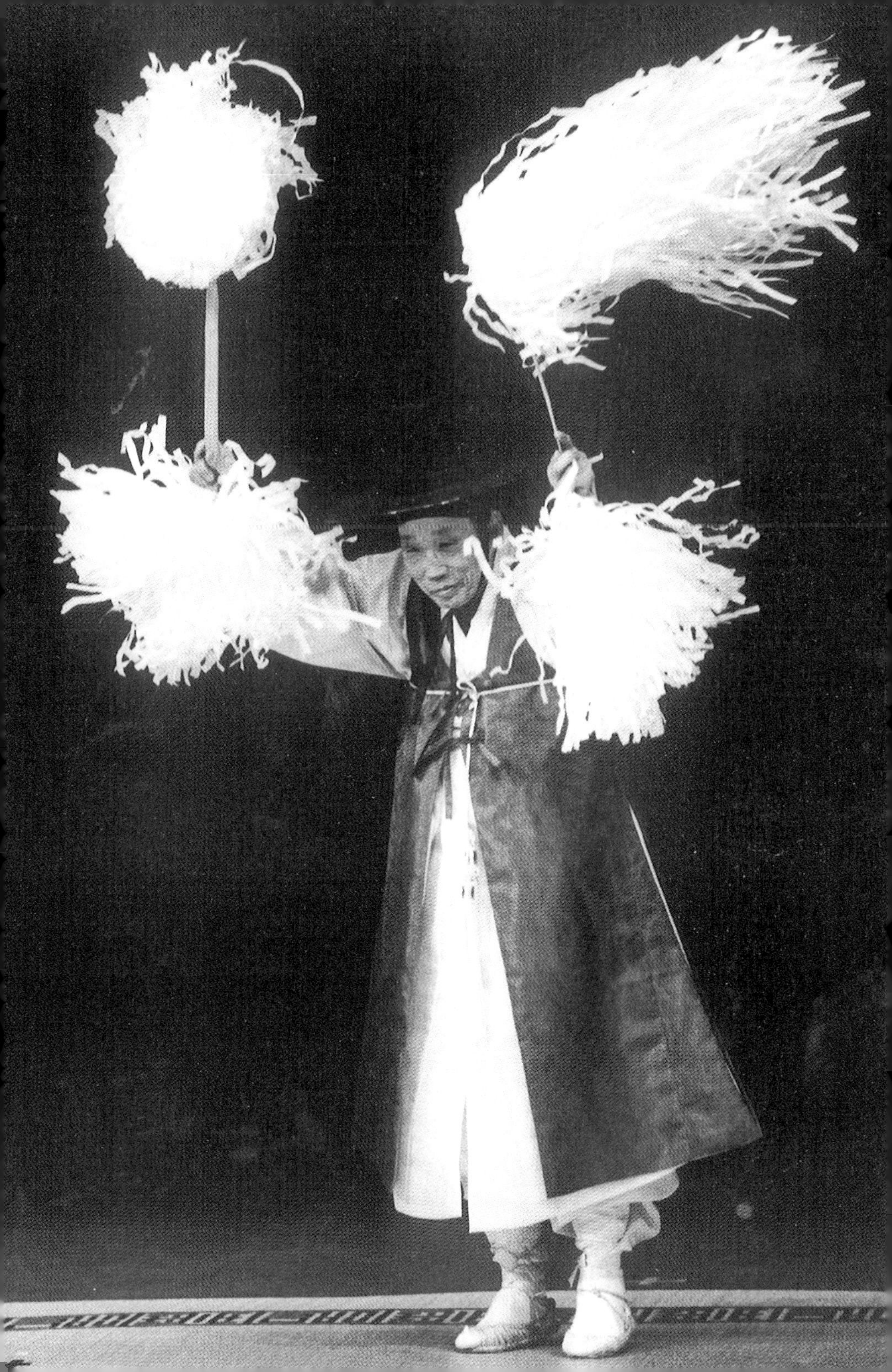

허탈과 항변

춤을 추는 선생은 그게 어떤 춤이든 예외 없이 멋이 줄줄 흘렀다. 풍류란 이런 거다 싶었다. 그런데 춤을 추지 않을 때의 선생은 현실에서 비켜 앉은 듯 가만히 있기만 하시는데, 괜히 눈치가 보여서 얼른 자리를 뜨는 게 상책이었다. 그런데 선생과 함께하는 시간이 쌓이면서 춤을 출 때가 아니더라도 어딘가 활달한 모습이 감지되는 게 아닌가. 가만히 보니 공연을 준비하거나 공연 직후의 며칠, 또는 함께 공연의 합을 이루는 재인청 악사들과의 대화를 엿보았더니 위트와 품격이 넘쳤다. 그러면서도 부드럽게 느껴지는 카리스마. 선생은 분명 두 개의 차원에서 살고 계셨다. 침묵의 공간에서 춤의 공간으로 건너다니시는 삶.

나는 이런 선생의 이중생활이 그렇게 신기했다. 그런데, 아니 그래서 멋있었다. 하루는 여쭈었다. 왜 발탈은 배우라 하지 않으시냐고. 그런데 전혀 뜻밖의 반응이 쏟아졌다. "나는 탈꾼이 아니야. 춤꾼이라고!" 극한 분노가 갑자기 사그라지고 고통스러워하셨다. 심지어는 살짝 눈물까지 보이신다. 이어지는 한탄, "발탈 먼저 받고 나중에 태평무를 받자는 말에 속았어." 발탈 이야기는 여지없이 선생을 분노와 항변을 오가게 했다.

　　대전의 움막에서 발견된 선생은 온양을 거쳐 건강을 회복하고 상경하여 교습소를 운영하게 된다. 이 시기에 심우성 민속학자와 학술적 교류를 나누고 있던 중앙대의 정병호 교수는 선생의 '발탈'과 '재인청 태평무'를 무형문화재 지정하기 위해 사전 조사에 착수한다. 두 종목 모두 보고서가 작성되었으나 발탈만이 지정되고 만다. 발탈은 그 연희 방식과 형태의 특이성과 함께 창과 재담, 그리고 춤 등이 한데 어우러져 서민의 희로애락이 잘 드러난 종합가무극이었고 국문학적 자료로서도 소중하다는 평가를 받은 게 선정의 이유였다고 한다.

　　게다가 하필이면 80년대의 대학가에서는 탈춤이 유행처럼 번지고 있었다. 독재에 맞서 싸우는 민중의 춤이라는 새로운 역할을 부여받았다. 우리의 전통들이 젊은 민주 전사들에 의해 오랜 폄훼와 천대를 벗어 던지고 기지개를 켰다. 마침 '가장 한국적인 것이 가장 세계적'이라는 인식이 널리 퍼지면서 날개를 달아주었다. 알려진 탈춤과는 현저히 다른 스타일과 특이한 연희 방식이 문화재 전문위원들의 눈길과 마음을 사로잡은 것이다.

　　1983년이었다. 국가 무형문화재 79호, '발탈' 예능보유자 이동안, 우리가 흔히 일컫는 인간문화재가 된다. 그런데 이 타이틀은 어처구니없게도 '춤꾼 이동안'으로 살아내신 80년 춤 인생의 가치를 몰라보게 만드는 훼방꾼이 되고 만다. 발탈꾼에게 춤을? 재인청 춤은 발탈로 인해 제도적 방해를 받게 된 것이다. 남사당패를 따라 줄타기를 배웠던 이력으로 선생을 일러 '마지막 남사당'이라는 소리를 들을 때에도 "아주 잘

못된 것"이라고 노기 능능했넌 바, 이노 보자라 발발 재주를 부리는 '발탈꾼'이라는 타이틀은 모욕이었다 해도 과언이 아니다.

그날의 내 질문은 한 번도 보지 못한 선생의 모습을 만나게 했다. 어떤 경우에도 멋과 고요가 콘셉이었던 선생은 마치 분풀이하듯 교습에 모든 것을 쏟았고 나는 선생의 허탈과 항변의 경계에서 아슬아슬하게 춤을 추어야 했다.

"내가 안 하면 끊긴다고 해서 발탈 무형문화재로 지정을 받았지만 사실 나는 춤꾼이지 발탈 재주꾼이 아니야." 아직도 허탈과 항변이 뒤섞인 선생의 목소리, 들린다.

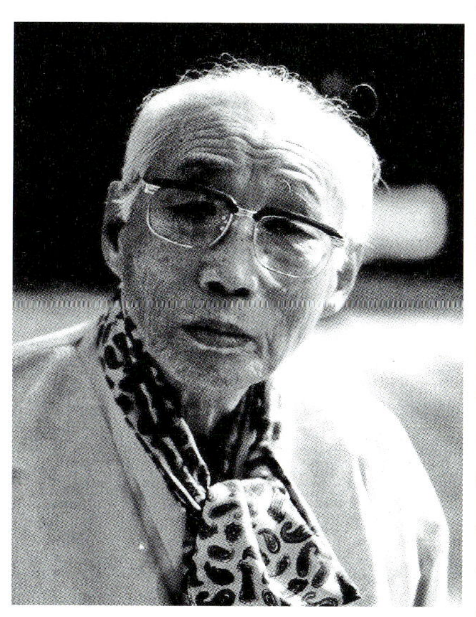

선생께선 재인청의 마지막 광대셨다. 조선의 광대가 가무악은 물론 모든 기예를 습득한 예인이었던 만큼, 광대 중에서도 특출난 자질을 보였던 선생의 기예와 가무악의 수준은 모두 지고의 경지에 도달한 것이었다. 근현대를 걸쳐 그렇게 천대를 받던 전통의 유산들이 그 가치를 인정받아 유무형문화재 지정이 이루어지면서 선생이 지닌 예기도 조명을 받게 된다. 대상에 올랐던 선생의 종목은 발탈과 태평무였다. 그런데 되려 이게 화근이 된 것이다. 마침 대학가를 중심으로 탈춤이 바람을 일으키면서 학계는 발탈이라는 새로운 콘텐츠의 희소가치가 부각되었고 태평무는 다음에, 하더니 없던 일이 되고 만 것이다. 사진의 선생은 무표정일 때의 모습이다. 필자는 이 표정에서 선생의 허탈을 본다. 선생의 말년은 재인청 춤의 가치가 기예에 밀려난 허탈과 항변의 시기였던 것이다.

예혼의 불씨

춤을 추거나 고요히 앉아 있는 것이 전부로 보였던 선생께서도 알고 보니 즐겨한 소일거리가 있었다. 팔순에도 강에 나가 투망을 했고 바이크를 타고 시내를 종횡무진 달리던 선생. 소일거리를 접고 교습소로 돌아온 날은 그렇게도 못마땅해했던 발탈을 발에 끼고 단가^{短歌} '만고강산'을 흥얼거렸다. 좀체 기악에 손을 대지 않던 선생께선 유독 양금 소리를 즐겼다. 맑고 밝은 소리가 난다고.

병원에 입원하셨다는 소식을 듣고 문안까지 다녀왔는데 느닷없이 제자의 연구소에 나타나신 선생의 차림은 누런 지팡이를 빼고는 온통 흰색이었다. 흰 중절모, 아래위 모두 흰색 정장에 백구두. 태평무 사사를 마치고 네 장단을 뜨자 하여 찾아갔던 녹음실에는 귀동냥으로만 들었던 전설의 재인청 악사들이 포진하고 있었다. 내 눈을 크게 뜨게 한 것은 평균 연세 칠십은 넘을 어르신들의 표정이 어린이들처럼 맑고 밝았기 때문이었다.

단연코 압권은 선생이었다. "어서 와. 같이 놀자"라 말하는 듯한 아이의 표정! 나를 '양금채야'라고 불렀던 이유를 알았다. '양'을 '앙'으로 발음하신 것은 전적으로 부실한 선생의 치아 때문이지만, 선생의 눈에 나는 맑고 밝았고 내 눈에는 선생의 그 표정이 맑고 밝았다. 그 표정을 내가 다시 보게 된 것은 무대에서였다. 밀양북춤의 명인 하보경 선생과 이동안 선생이 함께 무대에 서는 공연이었다.

두 분의 춤과 소리, 장단과 장단은 아무런 사전 약속도 없이 즉흥적으로 튀어올라 부딪치고 어울렸다. 두 분의 무대는 '노름마치'였다. 노름마치는 '놀다'와 '마치다'의 합성어로 놀이를 마친다는 광대들의 언어다. 일정한 경지에 오르지 않고서는 결코 해낼 수 없다는 광대들이 펼치는 지고의 놀이, 두 분의 도합 나이는 무려 176세였다.

선생은 재인청 광대의 표상이다. 맷돌 세 개를 닳아 없애야만 장구채를 쥐게 했다는 재인청 예인들의 현란한 장단이 두 명인의 세포들을 뚫고나와 눈부신 빛으로 터지고 있다. 아무 거리낌도 없이 어디서나 신나게 터지는데, 어디선가 바이크 엔진 소리가 들리는가 싶더니 생전처럼 멋진 보헤미안 스타일의 선생께서 나타나 나를 일으켜 세우고 있다. 오늘도 이렇게, 나는 연구실의 문을 연다.

선생의 지팡이가 벽면에 걸린 액자를 가리킨다. '藝道舞極예도무극'. 그래. 예술의 길은 끝이 없다. 환한 얼굴의 우리 재인청전승보존회 회원들이 춤을 추고 있다. 춤사위가 반짝인다. 송글송글 맺힌 땀마저 반짝이는 춤! 재인청 예혼들이 천 년을 넘어 걸었던 빛의 항해를, 오늘도 우리는 거슬러 오른다.

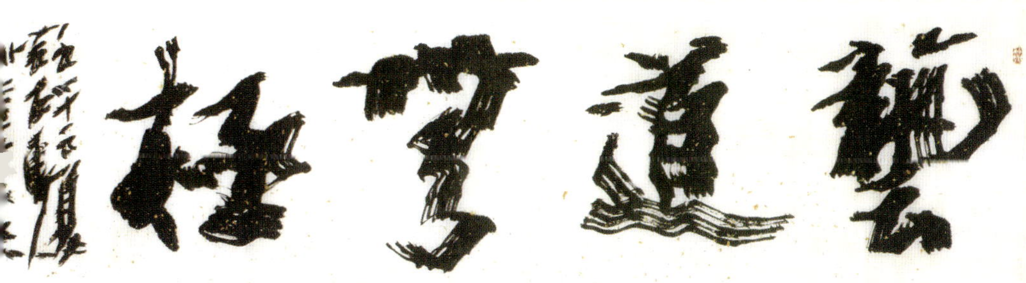

우리 춤을 사랑하고 돕는 대단한 서예가가 있다는 소문을 듣고 무작정 찾아간 곳이 축구회관 4층에 자리한 서예가 열암 송정희 선생의 작업실이었다. "선생님, 제가 처음으로 개인 춤판을 여는데 선생님의 글이 필요합니다." 하고 많은 시간을 기다리기만 했다. '예술의 길은 끝이 없다 - 예도무극', 열암체를 구축한 송정희 선생의 글씨다. 이 글씨를 받아들자 깊은 상념에 빠지고 말았다. 당시 우리 춤판의 개인 공연은 자신의 이름을 따 'ㅇㅇㅇ의 춤'이라는 공연명을 유행처럼 쓰고 있었다. 끝이 없는 춤길, 그 길을 끝없이 걸으셨던 스승 이동안 춤꾼, 많은 생각이 겹치고 섞이다가 세상을 향해 내딛는 선언일 수밖에 없다는 생각에 빠지고 만 것이다. 그리하여 탄생한 이름은 '정주미 춤추러 간다'였다. 내친김에 다시 선생을 찾은 나는 공연명 글씨까지 받아 왔다. 우리 춤판에서 이 이름은 이름만으로도 꽤 오랫동안 화젯거리였으니 제법 성공을 거둔 셈이다.

재인청 춤을 추기 위하여

이동안 선생의 영면 소식은 마치 아득한 먼 곳에서 들리는 메아리 같았다. 장례식이 거행되고 집에 돌아와서도 선생에 대한 기억보다는 많은 사람이 선생을 전송하는 그림들만 한동안 아른거렸다. 매년 찾아뵙는 선생의 묘소 앞에서도 선생은 단 한 번도 선명하게 떠오르지 않았다. 그랬던 내게 선생과 함께했던 모든 장면이 선명하게 나타나게 된 것은 프롤로그에서 말한 '한국무용사' 강의 덕분이었다. 아니 탓이었는지도 모른다. 항일시대, 춤꾼들의 행적을 살피다가 발견한 매일신보의 기사. 기사는 저 멀디먼 시간의 갭을 무너뜨리고 나를 항일시대로 끌고 갔다.

1914년의 매일신보에는 인기 예인 소개 기사를 장기간 연재하고 있었다. 거의 100명에 가까운 대상자 가운데 기생이 90명을 차지하고 있는데, 이들은 극장식 무대라는 당시로는 아주 낯선 공연 환경에서 우리 춤의 대중화에 큰 역할을 한 주역들이다. 특히 1917년 11월, 조선권번을 비롯한 한남, 종로, 한성 등 서울의 4대 권번이 합동 공연을 올린

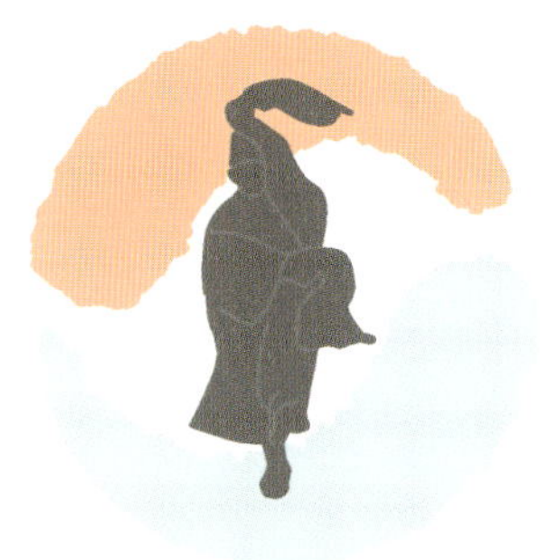

단성사에서는 엄청난 관객이 몰려 극장 일부가 붕괴하는 사고가 있을 정도로 그들의 흥행몰이는 실로 대단한 것이었다.

극장식 무대를 평정한 권번 기생들의 화려한 등장과 대중의 폭발적인 관심은 전통 예인들을 자극했다. 그 결과, 전통의 가무백희 속에 섞여있던 우리춤이 독립적으로 계발되기 시작한다. 김인호 선생과 한성준 선생은 바로 그 두 주역이었다. 1941년 '춘추'라는 잡지 3월호에 실린 이동백과 한성준의 대화를 보자.

이동백　광대나 고수할 것 없이 제일 호사스런 때가 언제라 할꼬?

한성준　그야 원각사 시절이겠지요.

이동백　나도 그래. 그때는 정말 상놈의 대접을 받았으나 노래 부르고 춤출 만했었지. 순종과 한 대청에서 놀기까지 했으니까.

한성준　　그때 김인호가 두꺼비 재주를 넘다가 바로 순종 무릎에 떨어지자 기쁘게 웃으셨지요. 그때 그 광경이 눈에 선합니다. 그 당시 형님은 순종의 귀여움을 상당히 받았을 거요. 원각사에서 형님이 소리할 때면 순종께서 전화통을 귀에 대시고 듣기까지 하셨으니까.

이 대담에 등장하는 김인호는 재인청 출신의 광대로 명성을 날린 위대한 춤꾼이었다. 당시 김인호 선생과 한성준 선생은 두 분 모두 광대였고, 두 분 모두 많은 춤을 창안하거나 다듬어낸 바 있다. 그리고 이 춤들은 당대에 전해지고 추어지던 거의 모든 춤의 유형을 녹여낸 안무였다.

사실, 이 땅의 모든 광대는 남자였다. 김인호 선생은 여무로 간 한성준 선생처럼 발상의 전환을 할 수가 없었다. 재인청 광대들은 오로지 바지춤을 추었고 그게 전통이었기 때문이었다. 그런데 바지춤은 더 이상 흥행의 보증수표가 아니었다. 정작은 배울 남자도 없었다. 그게 현실이 되어 있었다.

어쩌면 낙심에 빠졌을 김인호 선생 앞에 기적처럼 한 소년이 나타난다. 한눈에 타고난 광대임을 알아보았다. 10년을 가르쳤고 수많은 무대에 세운다. 그렇게 생애 처음이자 마지막인 단 한 명의 제자가 탄생한 것이다. 그가 바로 이동안 선생이다. 이 만남은 한국무용사라는 역사의 측면에서도 일대 사건이라 할 것이다. 드디어 이동안, 그가 재인청의 예맥을 보존하게 되었다.

살펴보니 이동안 선생은 입지전적인 인물이면서 동시에 풍운아였다. 무슨 운명인지는 모르겠다. 이동안 선생도 나도 스승의 눈에 띈 것이 아니라 직접 찾아가 만난 경우였다. 이동안의 스승 김인호 선생이 그러했던 것처럼 나의 스승 이동안 선생도 자신에게 남겨진 시간 모두를 오롯이 나를 위해 쏟으신 것이다.

너무도 감사한 일이다. 내가 이 책을 쓰기 위해 쏟은 시간이 이동안 선생께서 이 땅에 쏟은 시간에 대한 보답이기를 수망한다. 그리고 서생의 삶이 '내가 왜 재인청 춤을 추어야 하는지'에 대한 답변이기를 소망한다. 그리하여 이 책이 스승 이동안 춤꾼을 향한 제자의 헌사獻辭일 수 있기를 간절히 소망한다.

이동안 선생의 연혁

1906.12.06.	경기도 화성군 향남면 송곡리 출생
1920.	흥행사 박승필에 의해 광무대 생활 시작

1920. 흥행사 박승필에 의해 광무대 생활 시작
원각사, 문락정에도 출연하며 10여 년간 본격적인 예인 수업
· 김인호(재인청 출신으로 춤의 명인)에게 태평무를 비롯한
30여 종의 전통무용과 장단 사사
· 김관보에게 줄타기 사사
· 장점보에게 대금, 피리, 해금 사사
· 방태진에게 태평소 사사
· 조진영에게 남도 잡가 사사
· 박춘재에게 발탈 사사

1927. 일본 전역 순회공연

1929. 대동가극단의 임방울, 이화중선과 만주를 거쳐 중국의 국경
지대까지 순회공연

1933. 조선성악회 회원으로 조몽실, 오수암, 이동백, 김창환, 정정
렬, 조진영 임방울, 한성준과 함께 합동공연(전통무용과 줄타기)

1936. 조선음악무용연구회 전통무용 강사
· 월북 신무용가 최승희 지도

1945. 여성국보단체 조직, 대표

1948. 대한 국악, 음악, 무용 전문 학원 운영

1957. 부산 여성농악단 조직, 운영
· 부산 KBS-TV에서 태평무와 발탈 발표

1958. 대한국악원 창립 위원(유기룡, 박헌봉, 박석희 등) 및 경기도지부
장으로 피촉

1963. 대성여고, 선화예고 무용강사

1965.	부산민속예술협회 동래야류 지도강사
1970.	부산 민속회관에서 전통무용 공연
1975.	국악협회 온양시 지부장으로 피촉
1977.03.	이동안 한량무 및 발탈 공연
1979.09.	수원 공간사랑에서 발탈 정기 공연
1981.	KBS 2, '11시에 만납시다'에 출연
1982.	한국국악협회 서부지부장, 한국국악협회로부터 공로상 수상
1983.03.	중요무형문화재 제79호 '발탈' 예능보유자로 지정 · 서울시립무용단 주관, 한국명무진에 출연
1983.12.	· 국립무용단 주관 한국명무큰잔치에 출연 · 발탈 및 전통무용발표회
1984.12.	발탈 및 전통무용발표회
1985.12.	팔순기념 '이동안 춤판' 공연
1986.	발탈 및 전통무용발표회
1987.06.	발탈 및 전통무용발표회
1988.07.	발탈 및 전통무용발표회
1989.10.	이동안 발탈 및 전통무용 공연
1990.05.	무형문화재 이동안 전통예술 공연
1991.08.	무형문화재 이동안 전통예술 공연
1992.	발탈 및 전통무용발표회
1993.	발탈 및 전통무용발표회
1994.	조선조 마지막 광대 운학 이동안 발탈, 전통무용공연
1995.06.15.	경기도 수원의 寓居에서 永眠

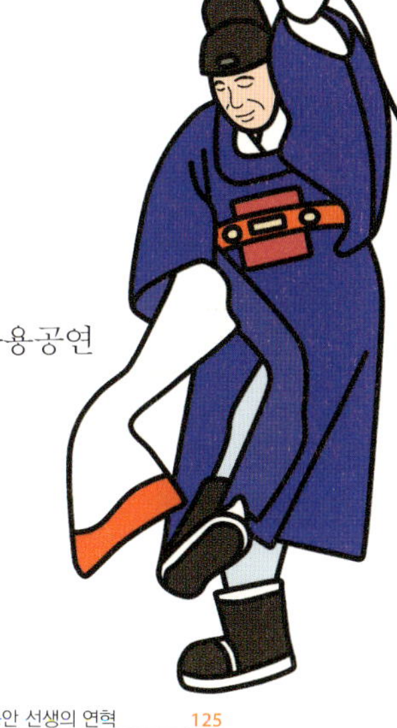

저자 정주미의 재인청 관련 공연 및 전승 활동

1998.	중앙대학교 대학원 무용교육과 석사학위 논문, '이동안 춤 세계 연구' 제출
1998.	심우성 선생 초청 강연회(고 이동안 선생 재인청류 춤세계) 주관
1999~2006	거창 우리문화연구회 '정주미 재인청 춤 교실' 초빙 강사(매년 2회)
2002.	[과천문화(2002)]제8호, '한국 무용의 원형질(原形質), 재인청(才人廳)' 기고
2002~2018	정주미 춤추러간다 개인공연 5회
2003.	과천문화원 박물관 교실 연사로 '우리 춤의 아름다움-재인청 춤'을 중심으로 강연
2003.	[과천문화(2003)]제9호, '우리 춤 해석을 위한 소고(小攷)' 기고
2003.	용인시민신문 기획 연재 '우리춤 이야기-강영화(학술팀)의 틈새 문화' 1년간 기고
2003.08.21.	'우리 춤의 아름다움' 강연(과천 문화원)
2003.10.25.	정범태 선생 초청 강연회 '정범태의 한국 춤 이야기' 주최
2004.	러시아 소운 무용단(재인청춤) 전수
2006.	한국춤 백 년-한국춤의 전통을 이어온 20세기 예인들(글·사진 정범태, 눈빛, 2006)]에 '정주미-재인청 태평무' 수록)
2007.	'9988(99세까지 88하게)건강지킴이 프로젝트 특강-재인청 춤의 특징' 강연
2007.	해외홍보기획 및 연구원으로 플로리다 대학 이헬렌 교수 참가(재인청 춤 영역)
2008.	한양대 평생교육원 한국무용사 강의

2009.09.05.	요코하마 일본 국립대학 초청 '한국무용 공개강좌 및 한국무용 체험 프로그램' 실시(요코하마 대학 교육문화홀 대강당)
2010.07.07.	코우스 八佾 태평무 출연(코우스)
2010.09.09.	한국민족문화예술대상 '젊은 작가상' 한국무용 부분 수상(세종홀)
2010.09.10.	남산국악단 기획공연 '나의 舞踊談' 참가
2011-2014.	강연콘서트 '우리춤 몸이 웃다'
2012.11.28.	대한민국 미술 전시회 개막 행사 출연(공평아트센터)
2014 2021	재인청춤 보존회 단원 춤긴 공연(재인청 춤 중심으로)
2021.	한국 무용의 미학 강의 콘서트

공연 및 전승분야 활동

〈춤꾼 이동안을 알리다〉

1994.10.06.	조선조 마지막 광대 운학 이동안 발탈, 전통무용 공연 참가
1995.05.15.	운학 이동안 전통공연, 발탈 공연 참가
1996.11.16.	운학 이동안 선생 전통예술 공연 1주기 추모 공연 참가
1998.11.27.	심우성 선생 초청 강연회 '고 이동안 선생 재인청류 춤 세계' 주최
1999.10.02.	'고 이동안류 춤판' 공연 주최
2002~2021	재인청춤과 이동안을 알리는 공연

〈재인청 춤판을 벌리다〉

2002.12.30.	제1회 일인 전통춤판 '정주미의 재인청 춤'공연
2003	작은 재인청춤판(용인)
2003.11.03.	진쇠춤 복원 공개 공연(과천시민회관 소극장)
2004.06.19.	재인청 춤판(국립민속 박물관)
2004.09.04.	재인청 춤판 '김인호를 위하여' 예술감독 및 출연(용인시문예회관)

2004.09.09.	재인청 춤판 '이동안을 위하여' 예술감독 및 출연(경기도 문화의 전당 소공연장)
2004.09.18.	재인청 춤판 '우리 춤을 위하여' 예술감독 및 출연(과천한마당축제 공식 초청작, 과천시민회관 대극장)
2005.09.04.	운현궁 일요 상설무대 '재인청 춤판' 공연
2006.07.23.	운현궁 일요 상설무대 '재인청 춤판' 공연
2009.02.20.	국립남도 국악원 초청 '재인청 춤판' 공연(진악당)
2009.06.19.	재인청 춤판 예술감독 및 출연(과천시민회관 대극장)
2012.07.16.	재인청 춤 일본 공연(일본도쿄 능무대)
2013.05.25.	재인청 춤판 예술감독 및 출연(과천 시민회관 소극장)
2014.06.21.	재인청 춤판 예술감독 및 출연(경기 소리 전수관 상상홀)
2014.08.16.	'통영에서 재인청 춤을 만나다' 초청 공연(한산대첩 축제 마당)
2014.09.13.	인천 아시안 게임 문화행사 '재인청 춤'
2015.06.21.	재인청 춤판 예술감독 및 출연(경기소리 전수관 상상홀)
2015.09.20.	'느껴라! 춤춰라!' 재인청춤판 예술감독 및 출연(과천 누리마축제 행사장)
2016.06.22.	수요춤전 재인청 춤의 연리지(예술의 전당 풍류사랑방)
2016.11.10.	재인청춤판 예술감독 및 출연(과천시민회관 소극장)
2017.04.08.	과천시 벚꽃 축제 개막 대동가극단(경기소리, 재인청춤, 줄타기) 공연
2017.06.29.	2017 재인청 춤의 판타지아 예술감독 및 출연(과천시 시민회관 소극장)

2017.08.13.	국가 무형문화재 기획공연' 재인청 태평무 공연'(통영 이순신 장군 공원)
2018.02.24.	재인청 춤판 ' 그 역동의 세계' 예술감독 및 출연(과천시청 대강당)
2018.07.07.	재인청 춤판 ' 아우르다' 예술감독 및 출연(과천시민회관 소극장)
2019.06.08.	재인청 춤판 '끝없이 피어나리' 예술감독 및 출연(과천시민회관 소극장)
2020.05.02.	'재인청춤과 아리랑의 판타지아' 예술감독 및 출연(경기아트센터 소공연장)
2021.06.26.	'재인청춤과 춤이 된 아리랑' 예술감독 및 출연

2004.07.21~ 08.09.	러시아 대학생 우리춤 연수
2004.08.09.	러시아 대학생 연수 시연회 빛 후원회 발기(과천시 별양동 강당)
2007.06.20.	미국 플로리다주 중고교사를 위한 한국무용 특강 및 시연(과천 시청 강당)
2007.10.20.	러시아 상뜨빼쩨르부르그 한국청소년 문화교육센터 후원 공연 '상뜨빼쩨르부르그의 아리랑' 공연 기획(연세대 백주년 기념회관)
2008	한양대 평생교육원 한국무용사 강의
2008~2020	일본 요코상 재인청춤 전수
2009.09.05.	요코하마 일본 국립대학 초청 '한국무용 공개강좌 및 한국무용 체험 프로그램' 실시(요코하마 대학 교육문화홀 대강당)

2009.10.04.	한빨리나 아리랑 공연 주관(서울랜드 세계의 광장 분수무대)
2009.11.10.	진도 군립예술단과 함께 '춤과 굿의 시나위-哀而不悲' 합동공연 주최
2010.04.09.	한국농어촌 공사 초청 '우리 춤과의 만남' 강연(상록수 연수원)
2010.09.15.	'9988 우리 춤' 강연(수지 여성회관 초청)
2011~2016	남아공 조이 춤 연수
2012.11.21.	강연콘서트(성결대학교)
2013.06.13.	강연 콘서트(과천 문화원)
2013.09.18.	하우스 콘서트(의왕 침방)
2016.04.23.	남아공 조이 춤추러 간다 공연 총감독(문화공간 고트)
2016.06.09.	우리 춤 강연 콘서트(과천 문화원)
2016.09.24.	국립무형유산원 경기도 무형문화재편 공연 출연(얼쑤마당)
2016.10.09.	재인마당 축제 참가(오산 공연장)
2017.04.08.	과천시 벚꽃축제 개막 대동가극단(경기소리, 줄타기, 재인청 춤 공연)
2018	서울 아리랑 페스티벌 춤이된 아리랑 금상 수상
2019.06.29.	재인청춤전승보존회 워크샵 주최(논산 나눔터)
2020.05.30.	유라시아 예술 연대 COVID19 극복 릴레이 콘서트_덕분에 오월(논산 벌곡 나눔터)
2021.10.17.	한국무용의 미학 강의(리정아트홀)

〈우리 춤의 대중화를 위한 활동〉

2004-2011	과천 문화원 '전통예술의 향기'공연 상임 연출

2005-2006	운현궁 전통놀이 한마당 공연 기획 및 출연 참가
2004-2012	과천시 어린이 춤판 공연 총 9회(과천시민회관 소극장)
2008.04.20.	경기도 교사무용단 '소운교사무용단'창단
2011.03-12.	춤꾼 정주미의 '춤으로의 초대' 공연(매월 마지막 토요일 오후 3시, 별양문화교육센터)
2014.06.21.	홍진 아리랑 공연 총 연출(홍진초 강당)
2019.02.13.	팔박타령춤 시연회(서울예술신학아트홀) 총감독
2019.05.07.	서울대 춤사위 공연(서울대학교 문화관 중강당) 지도
2019.09.20.	요코 '춤길을 걷다' 협연(일본)
2019.11.15.	포항 지진 방지 플래시몹 '다 함께 아리랑' 안무 및 출연
2019.12.06.	'명사야 해당화야' 시연회 지도(별양 문화 센터)
2020.11.21.	팔박 타령춤 시연회 지도(서울예술신학교 아트홀)
2021.01.23.	진쇠춤 시연회 지도(서울예술신학교 아트홀)
2021.04.24.	소소! 춤여행 예술감독 및 출연(서울예술신학교 아트홀)
2021.05.29.	소소! 춤여행 예술감독 및 출연(온온사)
2021.10.23.	소소! 춤여행 예술감독(서울예술신학교 아트홀)
2021.11.06.	명의 김세철의 풍류 예술감독 및 출연(흰물결 아트센터)
2021.11.18.	춤추는 아리랑 예술감독 및 출연(과천 시민회관 소공연장)
2022.03.19.	소소! 일일춤전 예술감독(서울 향적)
2022.03.30.	평촌아트홀 목요공연 출연 및 지도
2022.04.28.	한영혜의 '춤꿈'예술감독 및 출연(흰물결 아트센터)
2022.06.05.	서울놀이 마당 정기공연 출연 및 지도
2022.06.11.	초심(팔박타령춤) 시연회 지도 및 예술감독

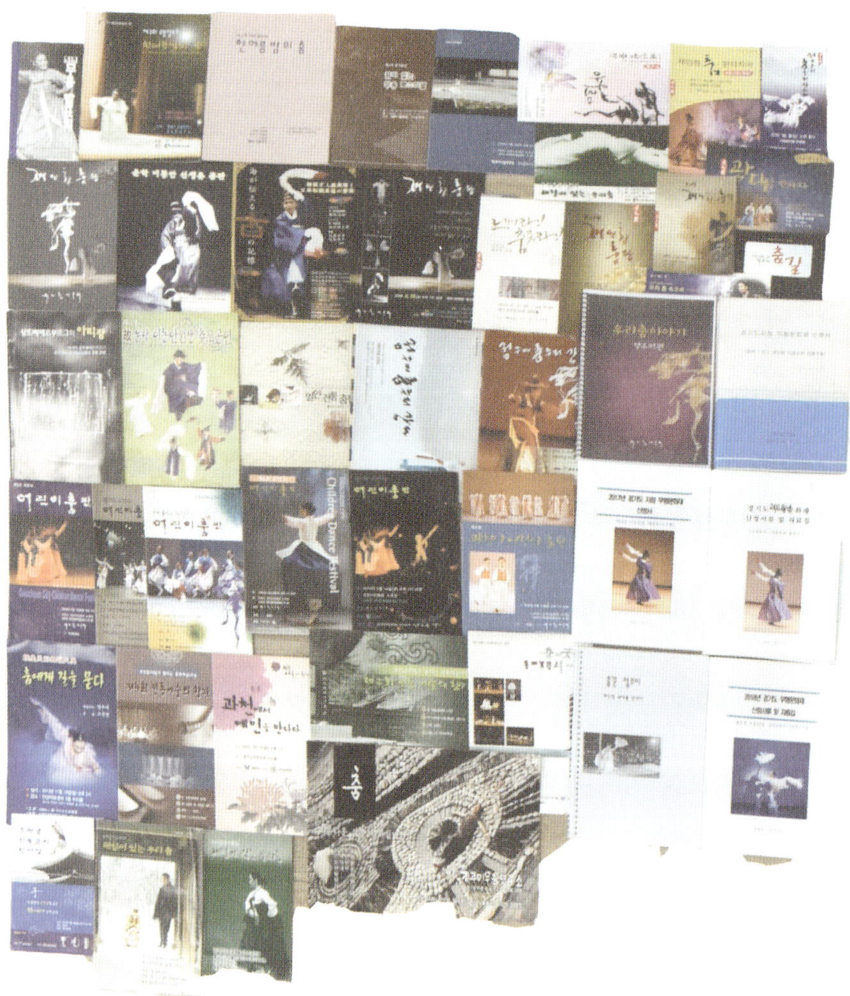